JN239474

20代女性が小学生から続ける探訪と研究

昭和ディープ街トリップ、335カット

明里

303BOOKS

[はじめに]

細かな魅力まで気付けるように
自分の足で歩いて、目で見て、話を聞きます

「千葉県って何もないよね、東京と名の付くテーマパークはあるけど……」と友だちが話すのを、小さい頃からよく耳にしてきました。千葉で生まれ育って25年。大学3年生までは私も、地元より都内で遊ぶほうが多かったかもしれません。なぜ、千葉ではそうした現象が起きるのか……。

「千葉都民」という言葉があるように、千葉県北西部では、通勤・通学して、東京で主な時間を過ごしている人々が多いです。そのため、地元への愛着は薄くなり、冒頭のような言葉が出てくるのも仕方がないことかもしれません。

しかし、その流れも変化し、近年はローカルに目が向きつつあるように感じています。新型コロナウイルスが流行した2020年、当時私は大学生でした。授業がすべてオンライン化、通学時間が0になり、友だちと遊ぶこともできなくなったため、図(はか)らずも時間とお金に余裕が生まれました。そうした状況の中、小学生の時に好きだった歴史を思い出し、身近な地元をテーマに歴史を深掘りする発信をしようと思い立ちました。それが、現在まで運営しているブログ「Deepランド」(P77)です。

活動を始めて間もなく、コロナ禍の影響で閉業、解体となる老舗(しにせ)や建物が出てきました。「ちょっと前まで当たり前にあったものが、跡形(あとかた)もなくなってしまう。当たり前の風景を今、記録しないと」という、半(なか)ば焦る想いで、千葉県内全市町村、都内や関西にも足を伸ばしました。扱うテーマは幅広く、旅館、銭湯、遊廓史から、近代建築、骨董品収集など多岐に

わたります。１つでも興味を持ってもらえるテーマがあると嬉しいです。

本書で紹介する場所は、私が今までに実際に訪問し、印象的だった場所や記録に残したいと強く感じた場所です。千葉限定として選び始めましたが、どうしても紹介したい内容だったので、東京と茨城の２箇所は特例的に収めました。運営しているブログは、現在５年目で1700記事を超えました。大学生の時は１日２本の記事をUPし、社会人になってからも仕事終わりに更新してきました。書いても書いても、次々に紹介したい場所があるので、今もなお筆が止まりません。

ブログの最新記事は2022年訪問までとなっていますが、本書ではそれ以降に訪れた、ブログ未公開の場所も掲載しています。普段、ブログを見ていただいている方も、あらためて楽しんでいただける内容だと思います。

最後に、私の旅は、基本的に公共交通機関を利用しています。百聞は一見に如かず、をモットーとして、暑い日も寒い日も、自分の足で歩いて、目で見て、話を聞く。それは、中学２年生の時に成田街道全65㎞を歩いてから（P147～151）変わらないスタンスです。実際に歩いているからこそ細かな魅力にまで気付けます。

千葉県の方に「私の地元には何もない」とは言わせません。面白い歴史、かわいいレトロな建物、見渡せば、意外と身近にあります。各ジャンルからの選りすぐりのスポットをお楽しみください。

自販機

商店街

駄菓子屋

遊廓跡

ディープ街研究 こだわりポイント

定食屋・割烹

近代建築

和菓子屋

記念館

街並み

喫茶店・茶屋

街灯・電柱

54のスポットで
撮り残した
335の記録

01 大屋旅館

夷隅郡大多喜町　いすみ鉄道·大多喜駅より徒歩７分　2021.3.17／2022.8.16

夷隅神社の鳥居と並んで建っています。国の登録有形文化財に登録。
正面２階左右端の戸袋には、漆喰で大きく屋号が書かれています。

板張りに瓦屋根、土間に帳場、青磁の厠下駄
何もかもが完璧な明治～大正期の旅籠感

「オススメの房総の古い旅館は？」と聞かれたら大屋旅館と答えるくらい、歴史、建物的に非の打ち所がない素晴らしい老舗旅館。夷隅神社の隣にある門前宿として、江戸時代後期より現在10代目です。

大多喜城の城下町として栄え、国指定重要文化財の渡辺家住宅をはじめとした旧商家などが残る大多喜町の古い街並み。周辺を探索しつつ、豊乃鶴(とよのつる)酒造で晩酌(ばんしゃく)用の日本酒を購入。夷隅神社で、毎月５と10の付く日に開かれる朝市を目当てに１泊するのも、旅人気分が味わえます。この旅館は、正岡子規やつげ義春といった著名人も泊まったと言われ、聖地としてその足跡を訪ねるファンもいるそうです。

旅籠(はたご)としての雰囲気を色濃く残す建物は、1885年（明治18年）頃の木造２階建です。一歩踏み入れれば、広々とした土間と帳場がお出迎え。番号が書かれた木製の下駄箱、長火鉢(ながひばち)に昔のレジスター、電話室など当時の調度品も多数。一方、純旅籠の造りかと思いきや、和洋折衷(せっちゅう)な面も。増築された風呂場のあたりは、水色と白を基調とした大正ロマンが香る雰囲気です。

私は２度、春と夏に宿泊しました。季節によって異なる地場(じば)料理も絶品。２食付きで１万円ほど。

お目当ては街道沿いに面した一番古い客室。予約は電話で、現在は旅館のホームページに最新情報やアメニティ情報が載っていて、旅館初心者の方も安心して予約することができますが、私が宿泊した頃はまったく情報がなかっ

たので、ドキドキしながらチェックインしました。Wi-Fi、ドライヤーやタオル、ウォシュレット、エアコンまで完備、じつに快適な夜を過ごしました。

また、ほかの旅館では現役を見かけたことがない“あるもの”がここにはあります。それは「厠下駄」。その名のとおり、トイレ専用の下駄。青磁でできた厠下駄は、便器横で足先が汚れないように据え付けられています。利用できるのは男性のみですが、明治～大正期の文化を実際に体験できます。

ここには“本物”があります。風が強い日は古い窓ガラスがガタガタガタと揺れる音が聞こえますが、それもご愛敬かと思います。

街道沿いの客室。角には和服などをかける家具の屏風式衣桁が置かれ、旅籠らしい1コマ。お手洗いも近い距離にあり、不便さは感じない宿泊でした。

厠下駄があるレトロなお手洗い。床の緑色と白色のタイルの組み合わせがかわいい。扉には黄色いステンドグラスがはめ込まれています。

2階から見た中庭。遠くには大多喜城も見えます。建物だけでなく中庭も戦前から変わらない様子。池の中央には鶴が鎮座しています。

お風呂場の天井に取り付けられた照明も芸術的な美しさ。照明の台座は細やかな漆喰造形で仕上げられており、ていねいな仕事を感じます。

増築部分だけ洋風！　お風呂場、洗面台のかわいい雰囲気に
乙女心がくすぐられます。右手と正面左奥に家族風呂があります。

昔のままの帳場が残っています。スロープ付きなので歩行がつらい方も安心です。
右手に古いレジスター、電話室、手前には錆(さ)びたヤカンがストーブの上に。

02 旅館 松の家

勝浦市　JR外房線・勝浦駅より徒歩10分　2020.8.18

玄関は旅館の顔です。夜は、館内からの光が漏れて照らされて外観は違った顔に。
宿泊したらそこをぜひチェックしてほしいのです。

私が初めて泊まった文化財の宿。勝浦の旧中心部にあるここは、国の登録有形文化財に登録されている千葉県内の旅館２軒のうちの１つです。

創業は江戸末期。その頃の勝浦は、「江戸をみたけりゃ勝浦へ御座(ござ)れ」と呼ばれるほど、漁業と商業で大きく発展。昭和初期の鳥瞰図(ちょうかんず)を見ると、松の家以外にも複数旅館があり、海水浴客で賑わう町の様子がうかがえます。

現在の勝浦は、過去100年以上にわたって猛暑日がない町として、その涼しさから再び注目が集まっていて、勝浦朝市からも近いこの旅館は、家族連れにも人気となっています。

建物は昭和初期築の木造２階建。銭湯の入り口のような唐破風(からはふ)屋根が立派な玄関に迎えられ、旅情が一気に高まります。欄間(らんま)を見上げると青い色ガラスがはめ込まれ、格子(こうし)天井、柱の振り子時計、電話室など、各所に昭和ロマンが感じられてうっとり。

私は宿泊時には大学生で、海水浴の帰りにチェックイン。お目当ては本館の客室。２階の広縁(ひろえん)から眺める勝浦の街並みに、かつての避暑客と自分を重ねていました。

松の家が人気となっているのは、文化財の宿なのに泊まることへの敷居が低いことが理由だと思います。そして私にとっては、古い旅館巡りの原点となった宿です。

唐破風屋根、格子天井、右読み文字の鏡
海の街に続く宿は登録有形文化財

１階廊下奥の大きな鏡には、右読みの旅館名と2ケタだけの電話番号が。この鏡は、女将さんが生まれる前からあったというもので、隠れた歴史の証人です。

本館２階の客室。障子は３段に分かれた中段が開閉式となっていて、外を眺められるようになっています。広縁にある籐製の椅子がいい感じです。

本館の階段。昔の造りなのでやや急こう配ですが、手摺りが付いているので安心です。この右奥にもう１つ、本館の客室があります。

玄関スペースは六角模様や靴入れの扉が味わい深く、格子天井が美しい。広々としていて荷解きもスムーズにできます。

「地魚の刺身舟盛プラン」でこれが出てきました。勝浦漁港で獲れた新鮮なお刺身がこれでもか！　と。客室でゆっくりいただきました。

03　さざ波館

富津市　JR内房線・大貫駅より徒歩15分　2022.6.19／2023.10.21

廊下の共同洗面所にある、ロケットのような古めかしい給湯器が気になります。
鏡に映るのは、向かいの棚の資料展示。

「つりと鉱泉」の宿に残る奥ゆかしい昭和
琥珀色の鉱泉風呂に癒やされて

都心から車で約１時間と、比較的アクセスも良く、都会の喧騒から離れたい時、ふらっと行きたくなる海の宿です。富津市、大貫海岸のかたわらにて1930年（昭和５年）の創業以来、看板に書かれた「つりと鉱泉」の名で親しまれています。素泊まり5500円〜とお手頃価格なのが、定宿にしたい理由の１つ。

明治時代の童話作家・巌谷小波によって命名された名前がしっくりくる海辺の香りと、館内の奥ゆかしい昭和な雰囲気に魅せられます。そして鉱泉風呂は、琥珀色のなめらかな肌触りが心地よいです。源泉温度が25℃未満の冷鉱泉。温度は控えめなのでじっくり入れて旅の疲れを癒やせます。

そして、私を興奮させる要素がもう１つ。館内に先代が収集した郷土史コーナーがあること。ここで昔使用されていた電話番号票といった、一般的にはあまり重視されないような小道具まで保存展示されていて、そこかしこに古い物への愛を感じます。だから居心地が良いのでしょうか。歴史好きの現在の４代目とは話が尽きません。

「さざ波キャビン　釣の談話室」が素敵な響き。
カウンターでもソファ席でも、夜な夜な話が盛り上がりそうです。

海の目の前にある松林に囲まれた旅館入り口。海への近さから、釣り人やファミリー客も多い印象でした。

廊下の扉を開けるとそこは本の山！ 千葉県じゅうの郷土史関係の本や、収集された旅館パンフレットなどなど、深夜まで読みふけってしまいました。

女湯の浴室には、微笑みかける天使がいます。手足を伸ばして全身でゆっくり超音波風呂を浴びる至福の時間。

玄関のステンドグラス。館内には同じステンドグラスが４箇所、木更津の廃業した老舗旅館からいただいたものだそうです。

04　大新旅館

鉄子市　JR総武本線･銚子駅より徒歩10分　2021.11.19〜21

皇室が利用した、別館の川沿いの客室。例年、花火大会の時は、間近に花火が見えるため人気の部屋だそうです。次回はこちらの部屋を予約してみたい。

こちらは370年以上の歴史と、千葉県内の現存する旅館の中でもっとも長い歴史を持っています。江戸時代1645年（正保２年）より銚子を代表する宿として続き、伊藤博文や島崎藤村といった要人・文人や、皇室の方々も訪れています。利根川河口に位置し、川沿いの客室はさぞかし風流な景色だったのでしょう。

残念ながら建物は銚子を襲った大空襲の際に全焼してしまいましたが、地元の方々の尽力もあって戦後すぐに再建されたそうで、この旅館の存在の大きさがうかがえます。

本館、別館、新館から構成されていて、迷路のような館内は、建築好きな方ならワクワクするはず。百畳の大広間、案内看板、お手洗いのドアノブに付いたレトロな開閉表示、大浴場前の卓球台など見どころはたくさん。

特に印象的だったのが、特別に案内してもらった「にゅうさろん」という一角。コロナ禍で休止となり現在使われていないのがもったいないくらい、華やかな昭和文化が密閉されています。

大浴場は日帰り入浴が可能なので、ツーリングの方々も立ち寄っていました。

私は大新旅館で２泊３日お世話になりました。この旅館を拠点に銚子じゅうを隅々まで歩き、夜は女将さんや先代の方にお話を伺ったことが懐かしく思い出されます。

創業は江戸時代で370年以上の歴史
伊藤博文や島崎藤村も訪れた川沿いの宿

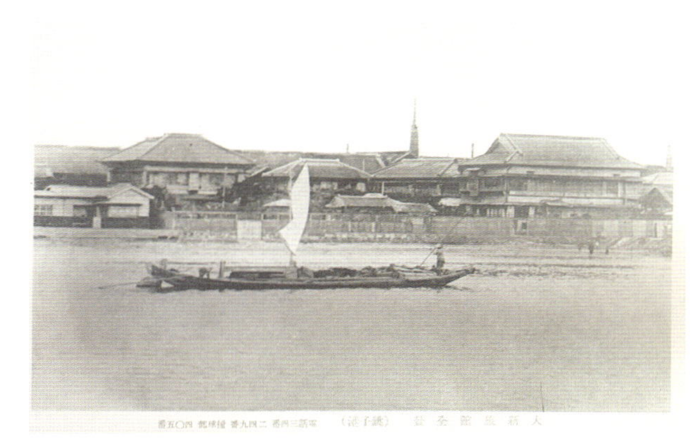

戦前の大新旅館の絵葉書の１枚。「大新旅館全景（銚子港）」。空襲で焼失する以前はビリヤード部もありました。下部の電話番号のところにある文字「撞球部」がそれですね。

廊下の雰囲気も３つの館ごとに異なり、この本館の廊下は高級料亭さながらの赤い絨毯が続いています。突き当たりには銚子の特産品が陳列されています。

「国際観光旅館」と看板に記されているとおり、駅からのアクセスも良く銚子観光にピッタリです。犬吠埼のほうに、「ホテルニュー大新」もあります。

「にゅうさろん」内部は、コロナ禍には静かに眠ったままでした。大きなシャンデリアと、石原裕次郎の映画に出てきそうなバーカウンター。ピンク色のアクリル扉を通して店内に光が差し込み、昭和の幻想的なムードに包まれます。

私が宿泊した客室は「井筒」。館内を探索しながら、昔っぽい客室名を辿っていくのも面白いです。

05　幸田旅館

館山市　JR内房線・館山駅より徒歩３分　2021.8.2

舟形の浴槽。男湯のみの浴槽なのですが、特別に見せていただきました。
お風呂に入りながら海の気分が味わえますね。

館山で１泊、と考えている方にぜひ泊まってほしいのがここ。JR館山駅より徒歩３分と駅近です。観光客や長期滞在者などを、女将さんがあたたかく迎えてくれます。

その始まりは東京から。明治40年、東京の本郷で開館。紆余曲折あり現在の地に。現在もロビーに残る「幸田館」の書は、当時この旅館を御用達にしていた、幕末の武士として知られる榎本武揚によって書かれたものです。大正時代に入り、当主が静養のため東京から館山へ移住。豪壮な旅館を建てたものの、その１年後に関東大震災によって全壊。その後は、当時の建造物を一部残しつつ、時代の変化に対応しながら宿泊料金を見直すなどして続き、117年経った今も親しまれています。

館山は花街として栄えた時代があり、その面影が客室や大広間に見られます。一番玄関に近い８畳ほどの客室の意匠が特に凝っています。船底天井や、「牡丹の間」には牡丹、「桜の間」には桜の素材を使用。ひと部屋ずつの歴史を女将さんが案内してくださいました。３代目が造ったという舟風呂も必見。昭和の温泉旅館でよく見かけるデザインですが、千葉県内ではほかに現存するものを見たことがありません。

花街の面影が残る意匠。旭模様のガラス、船底天井、舟形浴槽、玉石タイルの洗面台

この旅館で一番好きな一角。天然の木の枝をうまく活用した窓ガラスと、中庭。見上げたところには旭の模様になったガラスがはめ込まれ、そこから入る自然光が美しい。

客室の障子が富士山の模様。古い造りの客室にもエアコンがあるので快適に過ごせます。

JR館山駅近くの商店街に面していてアクセスも良い。建物は増築を重ねていて、一部は古い木造となっています。

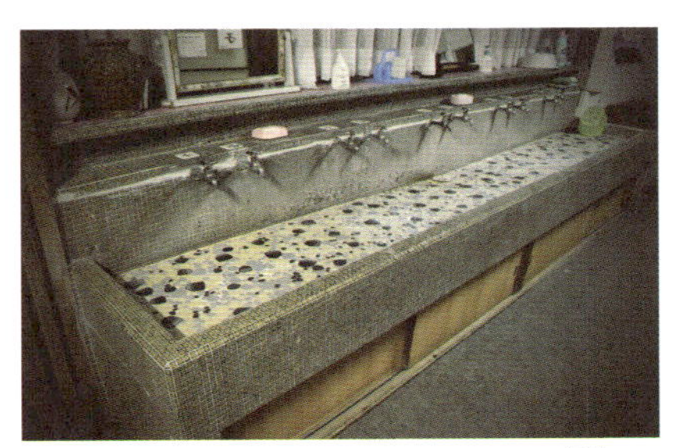

ザ・昭和な、ピンクの豆タイルに青やクリーム色の玉石タイル。上も下もタイル張りの洗面台で、学校の修学旅行を思い出すような雰囲気でした。

天井や床の間の材木など、ひと部屋ごとに違う凝った造りとなっている客室。長期滞在者にも人気があるため、宿泊客がいない昼間に見学させていただきました。

06 中川旅館

野田市　東武アーバンパークライン・野田市駅より徒歩５分　2021.10.18

洋館の内部も当時のまま。照明の付け根の部分の意匠は華やかな印象を与えます。
部屋の片隅には薄緑色のレトロな電話機も残っていました。

醤油の香りが漂う野田市駅からほど近く、およそ100年続いた商人宿がこちら。ここの建物は、近代建築好きなら憧れる洋館付き住宅。昭和初期に創業し、当時の古い建物も現存していました。最盛期には周囲に20軒ほど同様の旅館があったそうですが、古い建物のまま営業していたのはここだけ。

私が宿泊した時は、この旅館や建物の情報がゼロに等しく、おそるおそる予約の電話をすると、３代目の当主であるおじいちゃんがとても親切に案内してくれました。

泊まったのは、少し前に建てられた新館の客室。新館のほうは、建物も家電などもすべて現代的な造りなので、快適な過ごしやすさ。手作りの料理はとても美味しく、これで２食付き6000円はかなり安いと感じました。

翌朝、新館以外の、古い客間が残る母屋や、洋館、帳場、中庭などを見学。旅館の建物の歴史や野田について楽しそうに語る当主による思い出話に、チェックアウトの時間を過ぎても聞き入っていました。宿をあとにする際にいただいたお土産を今も大切に保管しています。

「また泊まりに来ます」当主とのその誓いが叶わずに閉業してしまった旅館も少なくありません。この旅館もそのうちの１つ。私が宿泊してから半年後に、１世紀を超える歴史に幕を閉じ、建物も取り壊しとなってしまいました。

近代建築好き垂涎の洋館付き住宅の商人宿
半寄棟、和瓦、上げ下げ窓、付書院、欄間

母屋の廊下からの眺めも素晴らしいものでした。客間、障子の模様が透ける*付書院（つけしょいん）。凝った意匠の窓ガラスは、中庭の景色が見やすいように工夫されています。

洋館は、かつては応接間として使われていたのでしょうか。半寄棟（はんよせむね）、和瓦（わがわら）とともに、上げ下げ窓や外壁の造作などに洋風建築のエッセンスが盛り込まれています。

母屋の玄関。敷石、扉、欄間、丸い照明に至るまで、昭和初期の面影を色濃く残していました。

骨董品が床の間に多数並ぶ母屋の古い客間です。左に付書院が。私が訪れた当時は宿泊には使用されておらず、冠婚葬祭の際にだけ使っていたようです。

欄間が美しい玄関先。日が暮れて静まり返った夜、「さわさわさわ」と、扉に映る木々が揺れ、宿泊客だけが知る近代建築の美しさを味わいました。

＊床の間の脇に設けられる、縁側に張り出す出窓のような書院。

07 蔵の宿

夷隅郡大多喜町　いすみ鉄道・西畑駅より徒歩10分　2022.2.14

国道沿いに建つ斎藤家邸宅。門構えから格の違いが漂います。
かつて母屋は茅葺き屋根でした。

築180年の「夫婦蔵」に素泊まり3000円で！第二次大戦中に大隊本部が置かれた洋館

電車を乗り継いで、いすみ鉄道の無人駅・西畑駅にて下車。歴史的な近代建築を多くの方に知ってほしいとの思いで、ご夫婦で始められた民宿が大多喜町湯倉にあります。

私は偶然、面白い宿がないか地図で探している時に発見しました。情報が少ないながらも、蔵の一棟貸しで素泊まりが3000円という破格の料金だったことから即座に電話予約しました。

宿泊したのは、敷地内にある築180年の「夫婦蔵」。天井の梁などはそのまま活かして現代風に改装された、コテージのような内装です。冷暖房完備で、とにかく備品が充実。大型テレビにユニットバス、洗濯機、冷蔵庫、食器類、調味料にお米まで揃っているので、食材を持ち込んでの長期滞在でも快適に過ごせそうです。

バーベキュー場も横にあります。母屋のほうは合宿利用ができそうなくらい広く、大人数向けです。

蔵の宿として使用されているのは大多喜町の名家「斎藤万右衛門邸」。敷地内には「夫婦蔵」のほかに、江戸時代築の母屋、大正５年築の洋館が現存します。製材業を生業とする女将さんの、建築に対する熱量を感じる説明を聞きながら、母屋も見学しました。宿泊利用できること自体がもったいないと感じてしまうほど文化財的価値が高い意匠の数々に、終始感嘆の連続でした。

欄間の彫刻、襖絵、中庭が見えるように設計されたガラス。２階には、天井の梁が間近に見られるように、土壁とともにあえてむき出しに。そして特に印象的だったのが２箇所にある色ガラスです。建物内に華を添える艶やかな色味でした。

敷地内にあるのに住居として使用中の洋館も、特筆すべき歴史的な建物であることを帰宅後に知り驚愕でした。第二次大戦中、九十九里から米軍が上陸してくる作戦に備えて、斎藤家の洋館に大隊本部が置かれ、将校以下10人近くが寝泊まりしていたという話が残っています。「実に瀟洒な洋風建築の別館構えの豪壮邸宅だった」とその豪華さに驚いている記述も、私がこの旅館を見学した印象と通じる部分があると感じました。近代建築をここまでぜいたくに貸切にできる宿は、県内ではほかに見当たりません。

母屋に残っている色ガラス。千葉県内においては、古い旅館などの建物で見かけることはありますが、個人宅で残っている点に感動しました。

「夫婦蔵」の扉を開けると広いリビングに大型テレビ、机の上にはお茶菓子が山盛りに置かれ、おばあちゃんの家に帰省したようなくつろげる空間でした。

母屋の座敷。襖の書については、地域の資料館で調査中だということでした。

母屋の２階、梁と土壁をあえて残している一室。「いい建物だから残したい。そのためにも多くの方に泊まりに来てほしい」という想いが伝わってくるようです。

現在は住居として使用されている洋館。外観は改装されていますが、
内部はほとんど当時のままだそうです。

夕焼けに染まる蔵の宿。バーベキュー場が蔵に隣接していま
す。大人数で宿泊しても楽しそうです。

戦前の斎藤家敷地内の写真。正面に見えるのが「夫婦蔵」。地
域の名家であることがうかがえる、人の多さです。

08 桐屋旅館

匝瑳市　JR総武本線・八日市場駅より徒歩5分　2023.6.2

ローマ風呂風の浴室。様々な種類のタイルが貼られていて、タイル好き垂涎。
ひび割れたガラスブロックにたまらない昭和感が。

本当に再開を心待ちにしていました。あきらめずに何度も電話し宿泊が叶った宿。江戸時代から300年以上続く老舗旅館ですが、コロナ禍で長いあいだ休業していて、2023年6月に念願叶って投宿しました。その昔、松尾芭蕉も旅の途中に宿泊したという話も残る街道沿いに面した宿です。

現在の本館は1922年（大正11年）、関東大震災の前年に建てられたそう。木造2階建。現在は老朽化のため本館2階の客室は使用されておらず、昭和50年代に建てられた新館に宿泊しました。2食付き8000円ほど。約40年前までは旅館の中に洋食レストランがあり、その面影が残る場所で美味しいごはんをいただきました。

街道沿いの旅館らしく、奥に続く敷地では、中央に池を構える広々とした中庭、そのかたわらに別棟の浴室があります。ローマ風呂のような、タイル張りの扇形の浴槽は街道沿いの旅館としては珍しい造りです。

「古いから……」と申し訳なさそうに接客してくれる女将さんでしたが、現在も建物は大事にされているのがわかります。帰りは暴風雨に見舞われ電車が止まり帰れなくなったのですが、女将さんがあたたかく、歴史や建物のお話をしてくれました。

江戸時代には松尾芭蕉も泊まった300年の歴史
ローマ風のお風呂は昭和好き必見

中庭から浴室に向かう通路には黒い玉石が敷き詰められ、そこに飛び石的に木の切り株が埋め込まれています。庭には手入れが行き届いた樹木がたくさん。

宿泊した客室には、中庭の樹園を眺められる広縁が。襖の松が情緒を醸し出しています。布団もふかふかです。

九十九里平野北部の八日市場は、江戸と銚子を結ぶ浜街道にあります。その旧道沿いに、大正時代に建てられた本館が現存しています。

本館の洗面台にある、桜の木でつくられたという大きな鏡。花や市松模様のような彫り物がかわいいです。

照明自体は新しいものになっていますが、洗面台の天井には漆喰の造作が残っていて、この一角だけは洋風な造りだったことがうかがえます。

09 江澤館

鴨川市　JR内房線・太海駅より徒歩10分　2022.1.21

本館正面の屋根がみごと。中央の*懸魚は、波を表すデザインでしょうか。太海の海の力強さを感じます。

もともとは造船所だったのが、そののち「画家ゆかりの宿」として親しまれるようになった江澤館。房総半島の鴨川市太海、波太海岸には多くの画家が訪れ、彼らとの出会いから旅館業に転じたといいます。

昭和6年の夏、画家・安井曽太郎が、代表作の「外房風景」を江澤館の4階で描きました。彼が好んだ波太海岸の眺望は、現在も「安井曽太郎画伯の画室」として見学が可能です。

現在は、大正時代に画家のアトリエとして造られた木造4階建の本館と、海上にせり出すように建てられた新館で構成されています。県内にはほかに木造4階建の現役の旅館は残っておらず、"明里的文化財"に登録したい建造物。

ここの特徴はほかに、温泉と海の幸を満喫できること。夕食に出される鮑、伊勢海老などの地魚料理は、完食するのに2時間かかるボリュームでした。

客室から見える島は「仁右衛門島」。島の所有者で、名前を代々継ぐ平野仁右衛門家の一戸だけが住んでおり、伝説や逸話が残る有人島です。旅館宿泊者は渡し船の料金割引もあります。

翌朝、画家が愛した昔ながらの漁村風景を散策し、房総の海を全身で感じた旅となりました。

＊神社仏閣などの屋根に付けられる装飾板。

安井曽太郎が愛した昔ながらの漁村風景
貴重な木造4階建の「画家ゆかりの宿」

戦前の絵葉書「仁右衛門島前　江澤旅館本館」と同じ位置から撮影。昔の絵葉書から旅館の今昔を比べるのも旅館巡りの醍醐味です。

男女で異なるタイル張りの浴槽。風呂場が海上に位置するため、窓から耳をすませば海の音が聴こえ、癒やされます。

本館4階に残る、安井曾太郎が逗留した部屋です。現在は消防法の関係で本館上階での宿泊はできません。

朝、部屋に差し込む太陽の光で目覚めました。カーテンを開けると、目の前に仁右衛門島と海の絶景が飛び込んできます。

夕食だけでなく、朝食も目が覚めるほどの豪華さ。魚料理が2種類と伊勢海老の味噌汁で、朝から千葉の恵みを満喫しました。

10 千倉館

南房総市　JR内房線・千倉駅より無料送迎バス　2022.9.3

大切な人と泊まりたい老舗旅館です。創業は1930年（昭和５年）。歴史ある建物を一部残しつつ、南国リゾート風の貸切風呂、温泉などが。豪華な磯料理や炭火焼プランなどおもてなしが充実しており、女子旅でも人気な旅館です。

宿泊したのは、川沿いの離れの数寄屋造りの客室。この部屋は、小説家の松本清張が40日間滞在し、『影の車』を執筆したことでも知られている特別な一室です。私が社会人１年目に、母への誕生日プレゼントとして一緒に泊まりました。

千倉町は小さな漁師町。房州路を旅する人たちが休む宿場町、花街としても古くから栄え、その中心に建つのが千倉館の前身「川尻館」でした。鎌倉時代には、源頼朝が愛馬の傷を癒やしたという千葉県最古の出湯、千倉温泉。大浴場の薬湯は「房州地方の霊泉」とも呼ばれ、特に神経痛や婦人病などに効能があるそうです。

寝静まった夜中に中庭に出てみると、満天の星空の中に流れ星が肉眼で見えて、千倉町の豊かな自然を感じられました。

翌朝、屋上の露天風呂を借り切り、眼下に広がる千倉町の街並みと温泉を心ゆくまで堪能しました。

南国風の中庭。奥にあるのが離れの建物で、チェックイン時には、本館から一度外に出てからここに向かうまでの案内にワクワクしました。

女子旅でも人気の川沿いに佇む老舗旅館
数寄屋造りの離れは松本清張も執筆した部屋

松本清張が滞在した離れの一室は、川沿いの静けさに包まれています。各部屋には、木の香が立ち込める檜風呂が設置されているのがなんともぜいたく。

松竹梅が描かれた大広間の舞台の、これは松の部分。かつてここで芸者を呼び宴会が行われたのでしょうか。花街として栄えた千倉町の面影を感じました。

夜、美しく輝く朱色に塗られた格子窓。その幻想的な雰囲気から「『千と千尋の神隠し』みたい」とお客さんに言われることがあるそうです。

フロント前のロビー。千倉の海のような青いソファに癒やされます。本の閲覧やドリンクのサービスも。

立地は川尻川のかたわら。千倉海岸へは徒歩10分ほどです。千倉駅への送迎バスがあり、公共交通機関で行っても不便さは感じません。

11 大宗旅館（だいそうりょかん）

東京都中央区築地　東京メトロ日比谷線・築地駅より徒歩６分　2021.10.29

広縁付きの８畳の客室。もともとが民家にしては、窓や欄間も凝った造り。
外に面した窓枠も、木枠のままで改装されていないのが素晴らしいです。

「今月は宿泊客が３組くらいかな、お客さんがほとんど来ないのよ」。都内の高層ビルに囲まれて営業するこちらの木造旅館の女将さんが嘆いていた言葉です。コロナ禍からの復活、そして老舗旅館を経営する大変さを伺った思い出深い旅館です。

2021年の宿泊時、ネット上の宿泊情報はほぼなく、コロナ禍の影響もあり旅館をたたもうか悩んでいる様子でした。隣にはビジネスホテル、高層マンション、そのため、水回りへの影響やビル風などがあり、修理保全をしてもお客さんが来ない。築地駅からも近い立地でもあるから、売却も検討していることなど話を伺うにつれ、翌月には営業していないのではないかと思われ、静かな終わりに向かっている雰囲気でした。

宿泊後すぐにブログやSNSで発信をしたところ、ひとり、またひとりと旅館好きの間で情報が広がっていって、宿泊から３年経った現在も営業を続けています。そして、SNS上では多くの宿泊客の写真がアップされていることは、私にとって大変嬉しいことです。

素泊まり6500円。築地場外市場からも近い、昭和初期の暮らしを体験できる旅館。末永く続きますように。

都心の高層ビルに囲まれる奇跡の木造旅館
築地市場まで歩けて素泊まり6500円！

板塀、裏口の木戸、庭のある木造2階建。高層ビルに囲まれながら、ここだけ奇跡的な昭和です。朝、チェックアウト後、布団が干されていました。

舟底天井とタイル張りの風呂場が見事。思わず上を見上げてしまう豪華さ。タイル床と隙間風で身体が冷える晩秋でした。

1階のお手洗い。下駄が備え付けられた珍しい和式便所でした。男性用のお手洗いが2箇所にあることから、男性の宿泊客が多いのでしょうか。

都心は夜も明るい。部屋の明かりを消して、窓に映る外の明るさを頼りに、広縁で晩酌を楽しみました。

昼間でも少し薄暗い館内で、1階の廊下から玄関先へと、手探りで探す古いスイッチ。手が加えられていない天然の古民家独特の空気感が良いです。

12 松の湯

勝浦市　JR外房線・勝浦駅より徒歩10分　2022.9.4

銭湯

100年の歴史を感じる木の佇まい。右側が女湯。
看板横の窓が開いていると営業中と、わかるようになっています。少し前までは店名看板が松の形でした。

「千葉県最古」と称される、勝浦朝市のすぐ近くにある木造の銭湯。現在は不定休のため、今まで何度か訪問するも休みで、三度目の正直でお風呂に入ることができた感慨深い場所です。

現在の女将さんは２代目。少なくとも大正期から営業していたこの銭湯を、東京から勝浦へ引っ越してきた1940年（昭和15年）に買い取り、同じ屋号のままで営業を受け継いでいます。木造の建物は100年近く経っていて、千葉県内の銭湯が年々減少する中で最古参の銭湯に。

昔ながらの番台式。男性と女性の仕切りも低いので気になる方は注意を。面白いのが、ほかでは見たことがない仕組みの鍵がある木製のロッカー。扉を閉めると自動で施錠され、中央の丸い穴から釘のような道具を差し込んで回すと、鍵が開きます。

「ゆっくり入ってね～」と温厚そうな女将さんは、裏手と行き来して忙しそうに動いていて、番台にいないことも多いよう。入り口に不在の際は、番台の上にお金を置くのだと常連の方に教えてもらいました。湯加減は、漁師町だからか少し熱め。一日じゅう歩いて疲れた身体がスッキリしました。

最近は勝浦の人気が高まっているため若い世代の銭湯利用もあると伺い、古い銭湯スタイルに驚く若者の姿が思い浮かびました。

100年前の木造銭湯が残りいまだ営業の驚愕！
籐の籠、木製ロッカー、石の湯船

めったにお目にかかれないレトロな体重計。「お静かにおはかり下さい」と注意書きが。希少価値の籐の籠（かご）ともども現役です。

石とタイルの湯船。左右に分かれていて深さが違う基本形。深いほうの縁には手摺りが付いているので、小さい人やお年寄りでも安心して入れます。

女湯の脱衣所。昔ながらの開放的な状態の番台で、しかも扉の開閉時以外でも窓も開いていたりするので、気になる方は死角を探して利用しましょう。

飾りっけのない超シンプルな木の番台。造りは創業時から変わらないままで残り、磨かれた木材の輝きに歴史を感じます。

大きく書かれた漢数字の下に、丸い小さな穴が開いた古い木製のロッカー。手入れが行き届いてピカピカです。私が行った時は常連さんがかなり使われていたので、籐でできた籠に着るものを入れました。

13 桜湯

茂原市　JR外房線・茂原駅より徒歩14分　2022.7.9

白、青、緑のタイルが美しい浴室。富士山のペンキ絵は、銭湯絵師・丸山清人によって、2018年7月25日に描かれたもの。設定は西伊豆。

レトロでかわいい銭湯を探している方に訪問してほしいのが、大正時代創業のこちら。店名は、入り口に咲く桜に由来しています。ここの特徴は、唯一無二のかわいらしい和洋折衷の内装。タイル好きにとっては夢のような、和製*マジョリカタイルが各所にはめ込まれています。千葉県内の洋館にはこうしたタイルが使用されている例はありますが、銭湯で使われ現存しているのは県内でここだけ。そのため、大正期の銭湯建築を知るうえでも貴重な建物です。

まず、通りに面した扉を開けるとエメラルドグリーンのマジョリカタイルの壁が登場。左右に分かれた白い引き戸も洋風で、入る前から大正ロマンを感じます。

古い銭湯でよく見る、番台と脱衣所の距離が近いコンパクトな空間。私が訪問した時、タオルと石鹸を忘れたので、入浴料金と合わせて番台で購入しました。

浴室は雄大な富士山のペンキ絵で、なんと天井が板張りというのが貴重です。向かって右側、広いほうの湯船の湯が熱々でしたが、普通は狭いほうが熱いので珍しいです。私が熱くて入れずに困惑していると、女将さんが「湯もみをしてね」とひと声。水で埋めるのではなく、木製の湯かき棒を使用して湯もみをするのが文化のようです。「建物も人も年を取ってきたから、もうそろそろかな……」と女将さん。気になる銭湯があったら早めに訪問しましょう。

＊多彩な色を使って焼かれた装飾用タイル。表面に凸凹が付いた大ぶりな正方形。

和洋折衷の内装に美しいマジョリカタイルが
浴室の天井がなんと板張り!

女湯の脱衣所。古い木製のベビーベッド、体重計に時代の年輪を感じます。ドライヤーは10円で使えます。

桜の木が生い茂る、茂原市唯一の銭湯。木造で瓦屋根が特徴的な形をしています。戦前は「櫻湯」と表記されていました。現在は暖簾の店名はひらがなで親しみやすいイメージで、誰でも入りやすいです。

小さな玄関先の足元にも埋め込まれた青いマジョリカタイル。浴室のほうのタイルには雷紋が入っていて、その多彩なバリエーションにも注目です。

女湯の浴室だけにある浦島太郎の絵。なぜこの絵が描かれたのか、いつからあったのか、など女将さんに聞きましたが不明とのことでした。

木の小さな下駄箱の上には、外からの光で煌めく色ガラス。女湯側は防犯のためカーテンで覆われていますが、男性側は直接見ることができます。ガラスの向こう側は中庭です。

14　松の湯

東金市（とうがね）　JR東金線・東金駅より徒歩8分　2021.9.21

女湯の脱衣所。入り口の扉を開けるとすぐ横に番台があり、視界に脱衣所が広がる昔ながらの銭湯の情景。
飲み物は男湯のほうで販売しているので、購入の際は番台の人に声を掛けます。

「シャワーは出ません。サウナもございません。エアコンもございません。ごめんなさい」webサイトのそんな紹介文が強烈なここには、赤富士と白富士の珍しいペンキ絵があります。木造の建物は改築して80年が経過。番台、カラン、脱衣所には籐の籠、マッサージ機、お釜型ドライヤーなど、相当古い物が現役です。

番台に座る高齢の男性店主に、銭湯が好きで訪問した旨（むね）を伝えると、快く撮影を許可してもらい、歴史も教えてくれました。時折、若い学生が銭湯内を撮影することを嬉しそうに話していたのが印象的です。

最近、1人でこの銭湯を切り盛りしていかなければならなくなり、薪（まき）で沸かすところから番台での店番も1人。「人生には終わりが来るから好きなことをしたほうがいいよ」と店主が呟いた言葉が今も刺さっています。

好きな銭湯を心から応援したい、その思いから私のブログで紹介したところ、「あたたかい記事をありがとうございます。このような素晴らしい方々との関わりを持てることで、店主は店を続けていけるのだと思います」と、ご家族から素敵な返信をいただきました。これからも無理のない範囲で続けてほしいです。

お釜型ドライヤーやレトロマッサージ機が現役
富士山ペンキ絵は男湯が赤、女湯が白と対に

東金市内では最後の銭湯。店名の看板は「湯」だけ赤文字で目立ちます。小さめの煙突がかわいいです。駐車スペースもあります。

男湯の脱衣所。誰もいない時間だったので見学と撮影を。縁側横にテーブルと椅子があり、湯上がりには外からの風が気持ち良さそうです。

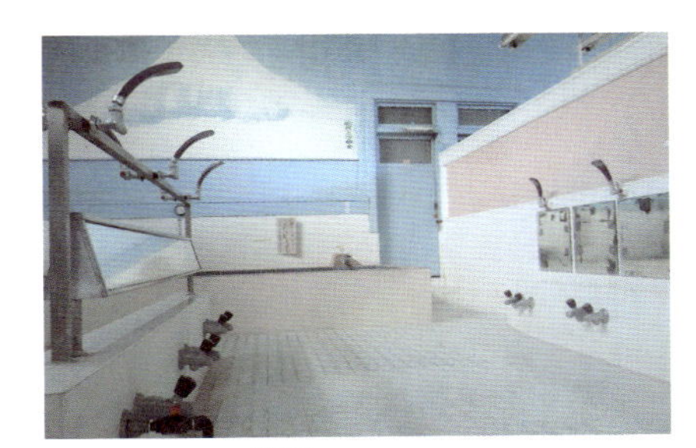

女湯のペンキ絵は「雲上富士（うんじょう）」＝白い富士山です。陸地も草木などもなく、白く美しい富士山だけしか描かれていないペンキ絵は、ここ以外で見たことがないです。

男湯は、女湯と対をなすかのように「赤富士」のペンキ絵。なんと洗い場のシャワー全部が、東日本大震災の影響で使えなくなってしまいました。そのため、桶を使って身体を流すのですが、その貴重な体験も思い出になることでしょう。

15 石の湯

市川市　JR総武線・市川駅より京成バス「須和田（すわだ）」より徒歩３分　2023.10.10

女湯の浴室。シャワーの数も多く、様々な年齢層のお客さんで賑わっていました。
映画「アンダーカレント」のポスターがここで撮影されています。

映画のロケ地になった、地元の方々から愛される銭湯です。昔、歌手のさだまさしさんが市川に住んでいた頃によく訪れていたこともあるそうです。

1970年（昭和45年）創業、親子で切り盛りしており、現在は２代目がSNSでの銭湯情報の発信もしています。

浴室には、石の湯の名前の由来にもなった石が。元は石材店だったことから、大きな石の壁を造ったそうです。その石の装飾の豪華さから、温泉地へ旅行に行ったかのような非日常気分が味わえます。

洗い場や湯船も広々。水は湧き出る井戸水を使っていて、保温性にも優れています。

ここがロケ地となったのが、2023年公開の映画「アンダーカレント」。真木（まき）よう子さん演じる主人公が営む銭湯の撮影に使用されています。私は、映画鑑賞後、公開記念として開催されたロケ地見学ツアーに参加し、銭湯内部を撮影しました。

裏で、薪でお湯を沸かす現場を初めて見ましたが、近くにいるだけで熱気がすごく、こういう大変な中でのお仕事から、こちらで毎日いいお湯が沸くことのありがたみを感じました。時代の流れが変わっても、いいお湯が待ってくれている銭湯です。

今や超貴重な薪で沸かす湯、水も井戸から
映画のロケ地になった銭湯は元・石材店

青空に映える煙突。もくもくと煙が出ている際には、銭湯全盛期から現在までの歴史を思い浮かべます。

昔ながらの方法の、薪でお湯を沸かしています。細長い薪を置く位置を工夫しながら、火の勢いを見て中へ入れる作業。夏場はとんでもない暑さできつい仕事です。

駐車場側から見た外観。浴室だけでなく外にもある石の壁に注目。この銭湯を中心にして、周辺に商店街や住宅が形成されていったそうです。

実際に薪を割っている場所。見学イベント当日、映画のパネルと同じところで各所を撮影。薪割りの作業は、近隣への騒音配慮のために行う時間が決まっているそうです。

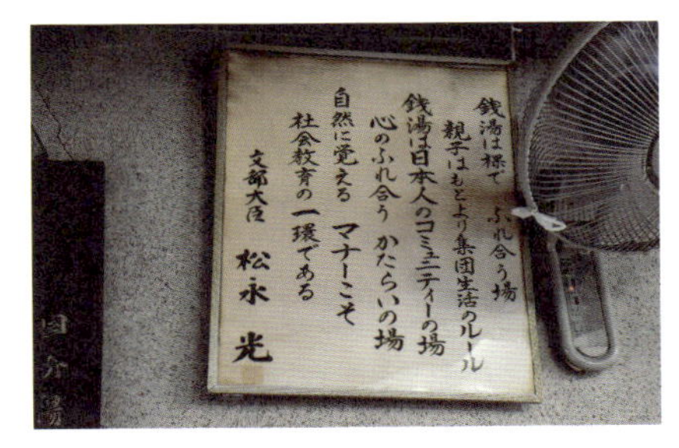

脱衣所に掲示されていた言葉。「銭湯は日本人のコミュニティーの場」……現代の私たちに足りない要素が、銭湯には詰まっていると感じます。

16 梅開湯

千葉市中央区　JR総武線･千葉駅より小湊鐵道バス「寒川三丁目」下車徒歩１分　2021.12.4

男湯側に富士山が描かれたペンキ絵は、2021年6月30日に、ペンキ絵師・中島盛夫によって描かれたものです。みずみずしいタッチできれいでした。

千葉市では唯一の、大正時代から続く木造建築の銭湯。千葉駅からバスに乗り、バス停を降りてすぐとアクセス良好です。この銭湯がある寒川町には現在も、街道沿いに近距離で３軒の銭湯が並んでいます。銭湯好きなら訪れたい“銭湯街道”です。

かつては銭湯のすぐ裏が海だったため、漁師たちの憩いの場だったのでしょう。寒川町の漁村時代の面影を今に伝えています。

ガラガラと扉を開けると番台で、３代目の気さくな女将さんが迎えてくれます。番台はフロント式に改装されているので、番台から脱衣所が見えることはありません。銭湯初心者の方でも安心して古い銭湯の情緒を味わえます。

ここには、銭湯の王道と言える要素が揃っています。脱衣所向きの番台、高さのある格子天井、富士山のペンキ絵、小さな２つのハンドル式カラン。

現在では多くの銭湯が改装して、カランは半自動で適切な量と温度のお湯が出るようになっているのが主流。こちらのように、お湯が出る赤いハンドルと水が出る青いハンドルそれぞれから出して温度調整するタイプは珍しくなってきました。

湯船右側には椅子型のジャグジーコーナーがあります。40度ほどと、ちょうどいい湯加減で気持ち良く、次のお客さんが湯船に入って来るまで、ペンキ絵を眺めながらゆったりと浸かりました。

特筆すべきはハンドルを下げる形式のカラン
漁村時代の面影を残す“銭湯街道”の一軒

カランは昔のスタイルのまま。湯加減を自分で調整するのも、古い銭湯ならではの文化。慣れていない方は少し苦戦するかもしれません。

女湯の脱衣所。番台と脱衣所の間に仕切りの壁があり、古い部分を残して現代風に一部改装されているのが驚きでした。

湯船は薬湯などはなく、シンプルなタイプです。女将さん一人で切り盛りしているようですが、全体的に水回りはきれいに手入れされていて、建物の古さを感じない点がすごい。

入り口は改装されていますが、大正期から変わらない佇まいの木造の銭湯。これが千葉市にあるとは思えない渋さです。コインランドリーが併設され、駐車場もあります。

入り口正面の窓ガラスは、中央に緑色の色ガラスがはめ込まれていて意外にも洋風な一面。その下には傘置き場と絵付けタイルがありました。

自販機

17 24丸昇 小見川店

香取市　JR成田線・小見川駅より徒歩10分　2021.5.9

トーストサンドの自動販売機は200円という価格が驚き。
あんトースト、チーズハムトーストの2種ありましたが、ともに売り切れで残念！　そのうちリベンジを。

NHKの番組「ドキュメント72時間」でも何度か取り上げられ話題になったレトロなうどん・そば自販機。私が初めて訪れたレトロ自販機スポットがここです。私の住む近所にはレトロ自販機が現役の店はないので、自分的に貴重な場所です。10年前までは茨城県神栖市にも系列店がありましたが閉店しています。

うどん・そば自販機は、千葉県内では2箇所が現役。24時間いつでも誰でも立ち寄れるレトロ自販機がある店舗は昭和なドライブイン形式が多い印象ですが、こちらは、奥にゲームセンターが併設された大人の遊興空間といった雰囲気でした。そのためなのか、小中学生が入れる時間は18時まで。営業時間は7時から22時。

設置されている自販機は12台。うどん・そば、トーストサンド、お弁当などの古いものから、ジュースや軽食の新しい自販機までが壁一面に並びます。

お目当てのトーストサンド自販機は残念ながら売り切れでした。お店が中に食品を補充するタイミングを考えると、おでかけの際の帰りではなく早い時間に訪問することをオススメします。

お弁当の自販機が4台並んでいるのも珍しい光景だそうで、「津上製弁当自販機」で250円の赤飯を買いました。

ゲームセンター併設の大人の遊興空間
「トーストサンド」に「弁当」！ ずらり12台

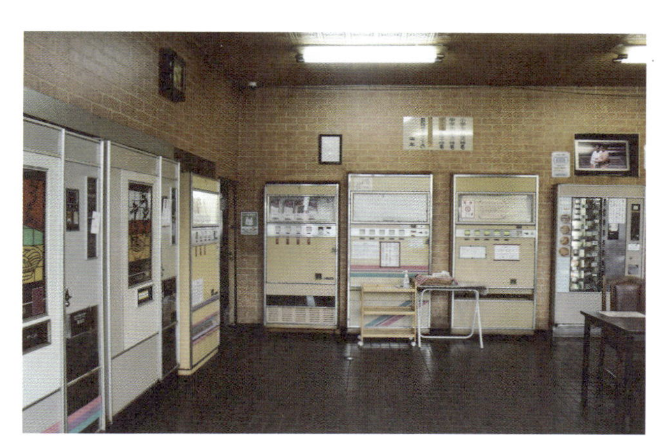

入り口から見えるレトロ自販機コーナー。うどん・そば、弁当の自販機の中には、稼働していないものもあります。

店内奥にはゲームコーナーがあります。子どもの頃に親と行ったゲームセンターの記憶が蘇る、懐かしい空間でした。

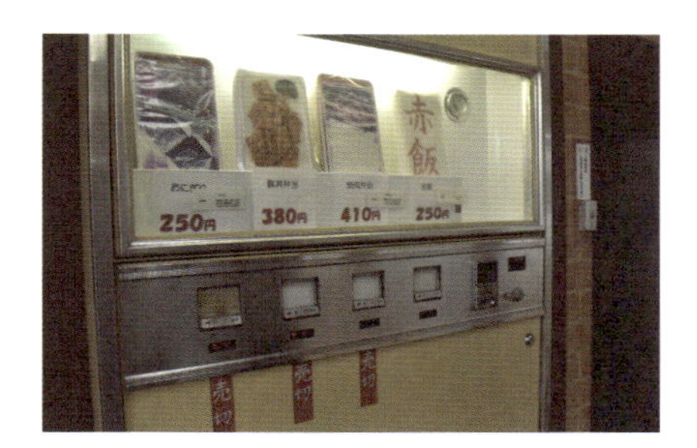

売り切れ続出の「津上製弁当自販機」。新潟県長岡市の津上製作所で製造。お弁当は厨房（ちゅうぼう）で作っているそうです。手作り感満載な商品の写真がいい味を出してます。

遠くからでも目立つ看板。最寄り駅からは徒歩10分ほどで中心街からは少し遠く、車で訪れる方が多いのではないでしょうか。

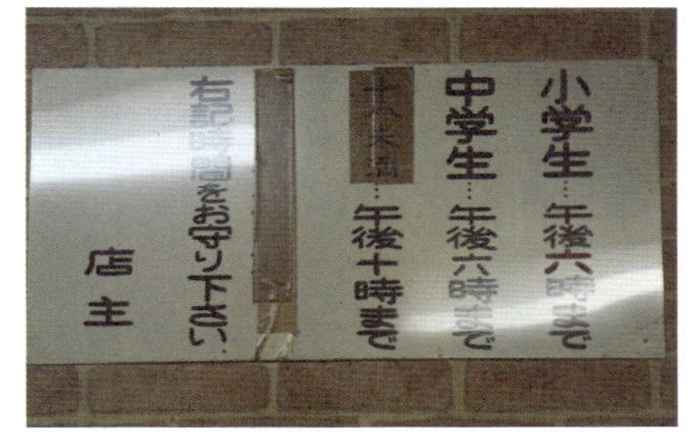

年齢による時間制限の看板は、フォントやガムテープでの修正が味わい深い。2016年の風営法改正以前は、16歳未満は保護者同伴であっても入場が制限されていました。

18 オートパーラーシオヤ

成田市　JR成田線・滑河（なめがわ）駅より徒歩18分　2022.1.25

店内には多彩な自販機が。
レトロ自販機では、うどん・そば、ハンバーガー自販機が稼働中です。

24時間営業の昭和なドライブインが成田市にあります。最寄駅から、ゴルフ場に囲まれた緑豊かな道を歩いて辿り着きました。品切れになってしまわないようにと午前中に訪問。店内にはトラックドライバーの方々が多く、心の拠（よ）り所になっている様子でした。

店内中央の机と椅子を囲むように並んでいる７台の自動販売機。うどん・そば、ハンバーガー、日清カップヌードル、飲料水の４種は現役で、カレーライス、コーヒー、お弁当の３種は販売中止になっていました。ハンバーガーは本日品切れ。それでも、レトロなデザインの自販機を眺めているだけでも楽しいです。

ここでは、念願のうどん・そば自販機を利用しました。１杯300円で、お金を投入してボタンを押すと調理が始まり、25秒で熱々のうどんが現れます。自販機の内部で器がクルクル回っている様子をテレビ番組で見ていたので、その状況を想像しながら完成を待っていましたが、出てくる早さに驚きました。

熱々のつゆにかき揚げが乗っていて、やさしい味わい。店内で美味しくいただきました。現代は、美味しいものがいつでも簡単に手に入る時代です。そんな利便性の高い時代だからこそ、いかにも「機械が動いています」という、レトロ自販機の素朴さに惹（ひ）かれるものがあります。

昭和なドライブインにて「うどん・そば」
トラックドライバーの心の拠り所

県道沿いに佇む黄色の平屋が目立ちます。壁面下部のタイルも昭和感全開ですね。駐車場も広々。道を隔(へだ)てた向かいにあるガソリンスタンドが運営しているそうです。

250円のハンバーガー自販機は売り切れでした。紙箱に入ったハンバーガー、いつか食べてみたいです。

うどん・そば自販機で調理中の表示。デジタル時代以前の数字ランプがいい味わいです。

機械内で回転して湯切りされてから出てきます。このスピードで、みごとな完成状態でした。

せっかくここまで来たので、うどんだけでなく、そばも併せていただききました。店内の雰囲気も相まって美味しく感じます。

19 レインボーショッピングセンター

市原市　JR内房線・五井駅より小湊鉄道バス「辰巳台クリニック」下車徒歩４分　2021.5.2

商店街の正面。円を描くタイルとアーチ型の商店街の屋根がリンクしていて、視覚的に引き込まれるようなデザイン。白い壁面に蔦が這って、美しく寂れています。

商店街

その名前から、カラフルな商店街を想像して訪問すると仰天。ゴールデンウィークですが静まり返っており、誰一人としてすれ違わず。アーケードの屋根が骨組みだけになり青空が見える、錆び錆びの商店街で、特売情報の看板が無残にも捨てられていました。

こちらの商店街の最盛期は1970年代後半で、周囲には三井造船の社宅が広がっていました。「臨海部工場で働く方のために開発され、当時東洋一とうたわれた辰巳台団地があります」と市原市のwebサイトで紹介されているように、東京湾にできた埋め立ての工業地帯にあるのが辰巳台団地。1960年（昭和35年）に団地の造成が始まり、それに伴ってできていったこの商店街も50年ほどの歴史があります。

昔は、酒屋、喫茶店、薬局、花屋、魚屋、八百屋、クリーニング店、書店、玩具店、ゲームセンターなど20店舗ほどが並び、周辺には社宅も多かったので子どもが多く、活気ある商店街だったそうです。

駅から離れたこの地ですが、鉄道の延線計画もありました。京成千原線・ちはら台駅より延伸した場合、辰巳台駅が商店街近くに設置され、辰巳台団地は駅前の一等地になる予定でした。

辰巳台にはこれ以外にも、「辰巳台ショッピングセンター」が近くにあり、さらに少し足を伸ばすと「若宮ショッピングセンター専門店街」もあって、古い商店街が残っています。

錆びた骨組みだけになったアーケード屋根
70年代には東洋一とうたわれた団地を支えて

太陽と天使のかわいいイラストが描かれた看板は比較的新しい様子。この商店街のキャラクターでしょうか。街灯にも同じイラストが描かれていました。

商店街を覆うアーケード屋根は骨組みだけになっています。間から抜けている青空がきれいでした。商店の上階が団地になっていたようです。

各店舗の前には、レトロなデザインの看板が連なっています。寝具店のものはクローバーのイラスト、薬局のものはアリナミンAなどの広告入りです。

この商店街で唯一営業しているお店が、「ベーカリーチロル」。昔ながらのパンを販売している、隠れた人気店のようです。私が行った時はゴールデンウィーク中でお休みだったため話を聞けず残念。

これは、近くの若宮団地にある「若宮ショッピングセンター専門店街」の写真。全体の色合いから、看板、椅子など、哀愁が漂います。最近、おしゃれな古着と雑貨のお店が開業したようです。

20 銀栄アーケード

八街市　JR総武本線・八街駅より徒歩10分　2021.2.23

商店街の内観。木製の骨組みに土間。
通路が奥まで延び、両脇に店舗の仕切りが等間隔に続いています。

千葉県内の商店街を巡った中で、群を抜いて古く、度肝を抜かれた商店街で、そこはまるで古代遺跡のよう。現在は閉ざされていて、街中で静かに眠っています。

県道に面した表側から南北に延び、約100mも続く細長い構造は、地下のトンネルのようです。レコード店、金物屋、駄菓子屋、写真館、ゲームセンター、入り口には宝くじ売場があったそうです。

正面と側面の窓から内部を少し見ることができました。仕切られた空間ごとに店舗が並んでいたのではないかと思われます。

それにしてもかなり天井が低く、まるで戦後の闇市のような雰囲気です。通路の上の壁には、古いポスターや店名がかすかに残っていました。雨天時も買物がしやすい、今で言うショッピングセンターの先駆けだったのでしょうか。

表側から県道を挟んだ反対側には、「八街銀映」という映画館だった建物も残っていて、こちらの商店街名は映画館の名前に由来しているのではないかと思います。つまり、２つの建物は同時期に建てられたものなのではと推測。

地元の小学校では、ここが入ってはいけない場所に指定されていたという話もあり、大人向けの雰囲気だったのも納得の、古さ、渋さです。

度肝を抜かれた街中に眠る古代遺跡
昭和25年開館の映画館とともに歩んで

青いタイル張りが美しいこちらは、映画館「八街銀映」。1950年（昭和25年）開館で、昭和50年代に閉館。２つの映画館が並んでいましたが、「八街第二銀英」は焼失。千葉県内で映画館の遺構が残るのはここだけ。

交通量が多い県道沿いの、鮮魚店と銀行の間にある平屋の建物。ここが商店街の入り口でした。ただの廃屋にしか見えませんね。

タバコ屋のショーケースが残っています。ガラス張りの「たばこ」の文字、テントシートの経年劣化が渋いです。

建物の終わりが見えない外観。外壁は大谷石で覆われていて頑丈な造りです。トタン板で覆われた四角い窓が等間隔で並んでいます。

反対側の出入り口はふさがれていました。入り口には、少し飛び出た部分があり、下部がタイル張り。タバコ屋だったのでしょうか。右手にも店舗が続いていたようです。

21 花見川団地の商店街 ～4箇所

千葉市　京成本線・京成八千代台駅より京成バス「花見川交番」下車　2020.9.13／2021.5.14

「ユキエハム石塚商店」コロッケ、メンチカツ、焼豚、豚ロースみそ漬けなどの加工品は、自家製にこだわり製造販売。昭和から変わらない手作り総菜のお店です。

「花見川団地商店街」は南北に分かれて店舗が並んでいます。写真右側の広場を囲んでトンネルのようになった造りがかわいい。左手の花屋「サニーオフィス」は2023年に閉店。

5700戸のマンモス団地の周りに
小さな商店街が形成された歴史を辿る

大規模な商店街があると周辺に小さな商店街が形成されていることがあります。大きな商店街を巡る人は多いのですが、そんな小規模な商店街を見つけていくのも楽しみです。ここで紹介するのは、花見川団地を中心に四方に点在する商店街。地図を凝視して見つけました。その多くは、インターネットで検索しても情報がありません。

花見川団地商店街

かつて日本一大きな団地だった花見川団地。私が訪問したあとで「MUJI × UR 団地リノベーションプロジェクト」が始まり、団地も商店街も新しくなりました。この商店街は、1968年（昭和43年）から続き、現在もスーパーを含め20店舗以上が営業。5700戸もあるマンモス団地に住む人々の生活を支えています。

「中屋フルーツ」は、東京で1920年（大正9年）に創業。千葉に移転して50年の歴史がある老舗。果物がお店の外にまで並びます。りんごの絵が描かれた看板が素敵。

花見川ニューショッピング商栄会

花見川第二小学校の東側、住宅街にある小さな商店街。過去には商店街入り口と中央の３箇所に、街灯が付いたアーチが建っていましたが、数年前に老朽化のため撤去に。

地元の方によると、この商店街の始まりは花見川団地が完成して世の中に活気がみなぎっていた1970年（昭和45年）頃。時代が移り変わり、ほとんどの商店が創業者一代で店をたたみ現在の姿に。

第二小学校は、2017年3月をもって閉校し49年の歴史に幕。すでに校舎は取り壊され更地になり、体育館だけが残っています。最盛期には1000人を超える生徒がいましたが、廃校時にはわずか100人しかおらず、この人数を見るだけでもいかにこの地域の高齢化が進んでいるかがわかります。

「花見川ニューショッピング商栄会」のメインストリート。右側手前の精肉店にはやきとりの旗が出ていて、いい匂いが漂ってきます。突き当たりには、かつてアーチが建っていたのですが今はなくなっていて、通りは静寂です。

「商栄会」の目印となる街灯は、昭和関連の写真でよく見かける緑とオレンジ色の組み合わせでした。高いところに商店街名が看板に書かれているので、目的地を見つけやすいです。

商店街に向かう途中で見つけた看板には、「100m先　第2小となり　お買物はニュー花見川ショッピング」とありました。閉店した店舗も含む16店舗の名称とキャッチコピーが残っています。「丸十パン」は全国的に暖簾分けしているパン屋です。

「ヒロマルチェーン チャーミー」は、コンビニですが24時間営業ではなく９時〜21時の営業で、月曜日が定休日。この地域で広まる「ヒロマルチェーン」のお店のようです。入り口に、鍋に入ったもつ煮が販売されていてほっこり。

花見川団地の外壁に描かれた、３人の子どもを抱えるママのイラスト。少子高齢化を感じさせない昭和を垣間見ました。

十番街商店通り

第三小学校と統合した花島小学校の東側にある「ヒロマルチェーン チャーミー」を訪問。お店の外でアイスを食べていたら、店員さんが外に出てきて世間話を始めました。「花見川団地も高齢化が進み、空き部屋が多い」「コンビニを続けることもとても大変で、いつまで続けられるかわからない」。普通のコンビニでは味わえないような、親しみやすい昔ながらの商店でした。

小学校西側の大通りにはかつて、「十番街商店通り」と呼ばれていた２階建の古い店舗群があって、昭和50年代後半にはすでに廃れていたそうです。

児童急増期に団地周辺には小学校が５校、中学校は３校が開校しましたが、一番最後にできた第五小学校が最初に取り壊されました。

花見川南商店会

花見川第三小学校の裏門から南へ延びる小さな商店街。商店街入り口には、学校教材やプラモデルも販売していたであろう書店が。小学校は児童数が54人に減少したため、2023年4月に統合されました。

店舗前に並ぶ街灯は、電球のようなデザイン。上部のボードには、青空に舞う桜の絵が描かれていました。

『週刊現代』のプラスチック看板。ほぼ雑誌名だけの堂々とした佇まいが渋いです。反対の面は1988年（昭和63年）に休刊した『婦人倶楽部』の看板でした。

22 中志津中央商店街／中志津南商店街

佐倉市　京成本線･志津駅より徒歩30分／京成本線･志津駅より徒歩40分　2021.4.19

片側式アーケードの「中志津中央商店街」は「アイアイモール」とも呼ばれていて、最近ではロケ地としても利用されています。「ブルーチップ」加盟店の看板も懐かしい。

千葉県内には、アーケード屋根で覆われた商店街が意外にも少ない。県内初だった*全蓋式アーケードは、柏市・柏駅前の「柏二番街商店会」。*片側式アーケードとして規模が大きいものは、船橋市・北習志野駅前の「JuJuきたなら」があります。

ここで紹介するのは、同じ地域内にあるその２種類のアーケード商店街。訪問時にはインターネット上に情報がほとんどなく、地図で偶然見つけたのでした。

最寄り駅からは徒歩30分。きれいに区画整理された中志津の住宅街の中央にあるのが「中志津中央商店街」。この地はもともと無住地でしたが、1964年（昭和39年）から宅地化が進み、通称「角栄団地」に。佐倉市内でもっとも古い住宅開発でした。1990年代前半までは、夕方になると人が溢れていたそうです。かつては「角栄ストア」というスーパーもありました。商店街を抜けると小学校があり、ここが通学ルートだったという方も。

そして、そこから徒歩10分。バス停の前にあるのが「中志津南商店街」。集合住宅２階建の１階部分が店舗、２階が住居となっています。通路をアーケード屋根が覆っていて、近所の方に伺うと50年ほど前からあるとのこと。

みごとに昭和のまま時が止まった商店街。今後はロケ地としての新たな人生を歩めることを願います。

＊全蓋式：屋根全面がアーケードで覆われた構造。　＊片側式：歩道の上にのみアーケードが架かった構造。

アーケードの構造「全蓋式」と「片側式」同じ地域に2種類が共存。ロケ地として活躍

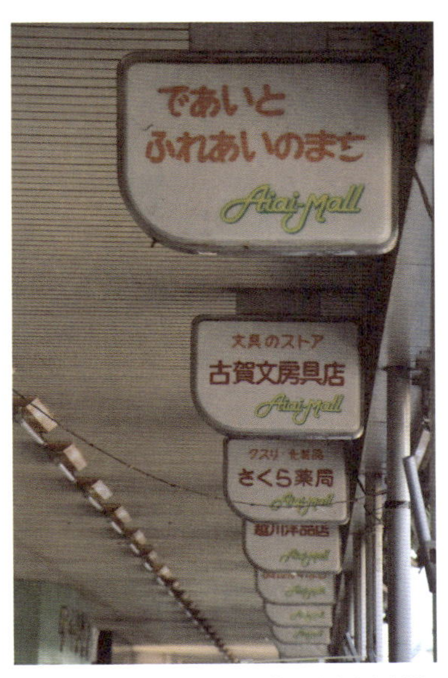

「であいとふれあいのまち」は、「中志津中央商店街」のキャッチコピーでしょうか。東西100mに、デザインが統一された店名の看板が並ぶ情景は圧巻。

閉店していた、お茶と海苔の「石井園」。私が伺う4箇月ほど前に閉店したばかりでした。「中志津南商店街」にはそのほか、肉屋、酒屋、豆腐屋、衣料品、薬局、ヤマザキショップ、理容室、寿司屋、居酒屋などがあったそうです。

「中志津南商店街」の左手にバス停「南中野」。「ちばグリーンバス」の終点です。バスを降りて買物をしてから家路につく人も多かったと思われます。

全蓋式アーケードの「中志津南商店街」には、10店舗ほどが並んでいますが、現在も営業しているのは左手前の不動産屋のみ。屋根の鉄骨がなだらかな山型に開き、シンメトリックな美しさと安定感があります。

「中志津南商店街」の通路中央に連なる丸い照明は、近くで見ると思ったよりサイズが大きかったです。美しい水晶玉のようで、うっとりしてしまいました。

23 大穴の商店街 ～3箇所

船橋市　新京成線･高根公団駅より徒歩10分　2020.8.15／2020.12.29

船橋市の名産品である梨を購入するために訪問した船橋市・大穴地区。近くに梨農園がのどかに広がる住宅街があり、その近くには、３つの商店街がありました。

大穴は、江戸時代より農村でしたが、1961年（昭和36年）に高根台団地がつくられ、次第に住宅地の分譲が行われて現在の住宅街に。

「大穴銀座」には、手前からヤマザキショップ、電気屋、自転車屋、お茶屋と並んでいました。店名の看板やのぼりから、各店舗の個性が見られます。

大穴銀座

昔は、３つの商店街でもっとも賑わっていたのがこの場所。近くには、恐竜のオブジェがある「怪獣公園」や「大穴市民プール」があったことから、子どもが多かったようです。老朽化で団地が取り壊しになり、跡地は調整池に。その池に沿うようにＬ字に店舗の跡が並んでいます。商店街もしだいに廃れてしまい、久しぶりに故郷に戻った人はその変貌ぶりに驚くそうです。

「大穴銀座」近くにある「怪獣公園」（正式名称は高根木戸第３号公園）には、リアルな恐竜のモニュメントが３体設置されています。現在は立ち入りできませんが、かつては子どもたちがワクワクする遊び場だったようです。

夕陽に照らされた「大穴北商店会」の店舗群。店ごとに異なる外装は、見ているだけで楽しいです。特に手前の青い鱗のような屋根がかわいい。

大穴北商店会

大きな公園のそばに、長屋のような２階建の店舗群。スーパー、パン屋、豆腐屋、花屋、本屋。ここに行けばささっとひととおりの買い物ができそうなコンパクトな商店街。現在は一部取り壊しに。近くの駄菓子屋「エンターファースト」もつい最近閉店してしまいました。

梨畑近くに栄えた３つのうち２箇所は廃れ
怪獣に市民プール、駄菓子屋も今は昔

「大穴銀座」で営業中だった茶葉販売店「翠香園（すいこうえん）」。歩道にせり出す商品の陳列に、昭和の商店らしさが。店内からはお客さんとお店の人が談笑する声が聞こえてきました。

連なった、緑とオレンジ色の街灯がひときわ目をひく「大穴中央商店会」。夜、街灯が光っている光景も見てみたいです。

大穴中央商店会

３つの商店街の中で唯一、現在でも賑わっているのが、大穴小学校近くのこちら。人気の町中華「中華五十番　大穴」でラーメンを食べ、昼から営業しているカラオケスナックの音を聴きながら付近を探索しました。

地元の方から提供していただいた、昔の「中元福引大売出し」ポスター。賞金総額70万円！　加盟店は50ほどもありました。

24 勝山港通り商店会

安房郡鋸南町　JR内房線・安房勝山駅より徒歩10分　2021.9.7

港通り入り口に構えるアーチは唯一無二のもの。中央にマンボウの絵、左右に広がる波のデザインが、いかにも海の街らしくて好きです。

駅より南へ徒歩10分。勝山漁港から東へ伸びる港通りに広がる商店街へ。その入り口で出迎えるのは、非常に珍しい、マンボウの絵が描かれたアーチです。

房総の町「鋸南町」。商店街がある勝山漁港は、江戸時代からの歴史ある漁港で、「マグロ突棒漁業」発祥の地と言われています。また、昔は房総捕鯨の基地があり、関連する史跡が残っています。そこは、戦中には海軍の特攻隊基地になったとか。

漁村とあって商店街には魚屋が多く見られ、ほかにもいろいろな商店や飲食店が現役でした。2019年の台風で被災したスーパーが「コミュニティサロン明石丸館」として再生されて、被災時に使用したブルーシートから作った鞄の販売をしたり、かき氷などを提供するカフェも営業中です。

かつて1万2000石の安房勝山藩があった地で、商店街の南側には、勝山陣屋跡や勝山城址があります。

北側の大黒山には、海の総合レジャーランド「勝山遊園地」が1953年（昭和28年）につくられ、東京や神奈川とを結ぶ船が発着し、多くの観光客で賑わったそうです。

竜宮城のような赤い門を構えた水族館や、パールアイランド（真珠島）といった、今はなき観光地の面影が、マンボウのアーチに受け継がれているように感じました。

捕鯨の基地もあった歴史ある漁港
そこにある現役商店街はやはり魚屋が多い

標高75mの大黒山山頂の展望台から見る勝山漁港。青く澄んだ海がとても美しい。正面左手、こんもりと緑に覆われた山が「勝山城址」です。

頭文字の「A」が目立つ、コンビニのような佇まいの「青木権七(ごんしち)商店」。食料品だけでなく、花なども販売している「よろずや」のようです。

郵便局の隣にある「モンテヤマザキ」の兼高商店。ヤマザキパンのこのブランドのお店は、全国に数えるほどしかなくなりました。建物上部中央にある丸い時計が、さりげなく時刻をお知らせしてくれます。

国道沿いにある「勝山ショッピングセンター 新平」は、洋品、呉服、寝具、インテリア、雑貨など幅広く扱っています。ショッピングセンターと名が付く店舗は、どんな店内なのかいつもワクワクします。

25 森川屋商店

茂原市　JR外房線·茂原駅より徒歩20分　2021.8.10

現役のガラスケースのフタ部分や角はブリキでできています。
黒マジックで何気なく書かれたお菓子の名前や値段が、情緒を膨らませています。

駄菓子屋

子どもの頃に10円玉を握りしめて駄菓子屋へ行ったこと、誰しも一度は経験があるのではないでしょうか。ここは創業時から変わらぬ佇まいで、昔の懐かしい記憶が蘇ります。千葉県内の駄菓子屋は多数巡りましたが、建物の歴史と店内の昭和感を考えるとこのお店が断トツで古いです。創業は1915年（大正４年）に、店名にもなった森川町で。その後、1935年（昭和10年）頃に現在地へ移転。現在が３代目である女将さんは、こちらにお嫁に来て50年ほどだそうです。

大きなトタン屋根が茅葺（かやぶき）屋根を包んでいる、特殊な構造の木造家屋です。この大きな屋根が、100年以上の歴史の重みを感じさせます。

店内には、昭和の駄菓子屋と聞けば連想するガラスケースが現役で使われていて驚きました。土間に瓶ジュースの蓋（ふた）が敷き詰められていてアート作品のよう。お菓子や玩具の種類が豊富で、大人でも選ぶのがワクワクする楽しさ。

自分の目線が店内の陳列に合わないなと思っていて気づいたのは、子どもの目線に合わせて低い陳列になっていること。自分が、あの頃には戻れない大人になっていたと痛感しました。

ここには、近くの銭湯「桜湯」（P40）の帰りに立ち寄りました。夕方になっても蒸し暑い夏の日に子どもたちで賑わう店内。私も１日だけ子どもの頃に戻った気分に浸りました。

ガラスケースが現役で大正４年創業
トタン屋根が茅葺屋根を包む木造家屋

狭い店内にところ狭しと並ぶ、駄菓子、玩具、花火など。右奥に見える帳場もそのままの様子で、店内の造りも昔から変わらないようです。

口で吹いて風船を作る「ポリバルーン」のうしろは、大判のメンコ。花火が入っているのがビールケースというのもいい味出しています。

茂原駅からは少し離れた住宅街にあります。薄緑に塗られたトタン板、カーテン、キャラクターの絵が貼られたガラスなど、飾り気のなさが、むしろ素敵です。

土間には王冠が埋められています。私が幼少期に通った駄菓子屋はすべて閉店してしまったので、昔に見た記憶のあるこんなところに、懐かしさが込み上げてきます。

時代によっていろいろな商品が出てきた駄菓子は、世代によって思い入れや好みも様々でしょうね。私は「ミックス餅」や「シャンペンサイダー」が好きでした。

26 菅屋菓子店

茨城県石岡市　JR常磐線・石岡駅より徒歩10分　2022.3.29

店内中央のショーケース。選ぶ楽しみも生まれます。
写真には写っていませんが、「あんこ玉」も人気商品とのこと。

駄菓子と言えば、一般的にイメージするのは昭和だと思いますが、それ以前から、“日本の伝統的な駄菓子”があったことをご存知でしょうか。ここでは、昔ながらの手作りの郷土駄菓子について知ってもらいたく、それを扱っていた駄菓子屋を紹介します。惜しくも2023年6月に閉業してしまったお店なのですが……。

もともとの「駄菓子」の定義としては、白砂糖で作る高級な「上生菓子」に対して、水飴や黒砂糖で作る大衆的なお菓子のことを指します。

江戸時代より日本各地で作られてきた郷土駄菓子ですが、戦後は徐々に減少し、現在も製造販売している店舗はごく少数。私が訪問したのは茨城県のこの菅屋菓子店と三重県のお店で、コロナ禍で菅屋菓子店が閉業に。千葉県内で郷土駄菓子のお店を探していますが、いまだ見つかっていません。

菅屋菓子店は明治後期の創業で、最後は４代目となるご主人が営んでいました。文化財に登録されている看板建築が残る石岡の街並みに溶け込むようなお店でした。

店内の特注の商品ケースには、米や小麦粉、大豆、黒砂糖などを原料としたお菓子をはじめ、丸い形のかりん糖、ハッカ飴、さらには、けし、*牛皮、など聞きなじみのないお菓子が並んでいました。

１個あたり42円ほどで、気になるものを１つずつ選ぶ楽しみ。ここでは、日本の郷土菓子の伝統と素朴な菓子の甘さが守り続けられていたのでした。

＊和菓子の材料で、もち米の粉に砂糖や水飴を練りこんだもの。「求肥」とも。

昭和以前から“日本の伝統的な駄菓子”があった 水飴や黒砂糖で作る大衆的なお菓子

かりん糖に似たお菓子「島田」の四角い形は、日本髪の代表的な髪形の1つ「島田髷」から由来していそうです。「豆ねじ」は、豆が練り込まれてねじられたお菓子。大麦を炒って挽いた「麦こがし」は、別名「はったい粉」。素朴な甘さと香ばしさを感じます。

「引こき」は、ねじった形状が特徴的な黒糖のお菓子です。「かりん糖」は、お煎餅のように丸く薄い平べったい形なのが意外でした。

黒光りした「あんこ玉」が美味しそうだったので購入。丸めたあんこが寒天に包まれています。「塩釜」は、宮城県塩竈市発祥の落雁のような押菓子。

お店は、大通りから1本入った商店街にありました。外観からは郷土駄菓子の販売をしていることが想像できず、初めて石岡を訪れた時はすぐにここだと気づきませんでした。

ぱん、白ぱん、かりん糖、けしねじ、はぜねじ、牛皮、引こき、麦こがし、豆ねじなど9種類を購入。同年代の友だちにお土産で渡したら、初めて見る郷土菓子が新鮮なようでした。

27 海神新地

船橋市　JR総武線・船橋駅より徒歩10分　2020.5.25／2022.4.16

遊廓跡

「ソープランド　ミネ」は、最近、看板が新しくなっていました。
このあたりが、海神新地の入り口だったそうですが、時代を経て今もなお色街としての面影を残しています。

都心に近く、千葉県内では住みたい街として人気のある船橋には、江戸時代から戦後にかけて、遊廓、*赤線が存在しました。

その始まりは、船橋駅の南側にある本町通り。かつて、成田山新勝寺への参詣道である成田街道の最大の宿場町として栄えた通りでした。

その旅籠には、飯盛女と称する遊女が置かれ、半分は遊女屋として営業。「お客さん、しべえ、しべえ（しよう、しよう、の意）」と客引きをすることから、「四兵衛、四兵衛」合わせて「八兵衛」とも呼ばれました。

男性が遊廓に立ち寄るため、夫婦での成田参詣はしないほうがいいというエピソードも残るほど。

その後、明治に入り、飯盛女は娼妓、そこに関わる業者は貸座敷業と名を変えていきました。

近くの習志野原の陸軍も利用し、門前に行列ができる盛況ぶりでしたが、「街の中心に女郎屋があるのは不名誉」との声が高まり、1926年（大正15年）、県の指令により東京寄りの海神・九日市の*入会地に移転。新地遊廓としては、1928年（昭和３年）に開業、通称「海神新地」。終戦前には23軒にまで発展しました。

戦後は建物をそのままに、赤線として復活。300人以上の女性がいて活気があり、*青線的なカフェー街も周囲に形成されました。昭和30年代はじめには72軒となりましたが、1957年（昭和32年）の売春防止法の施行により姿を消しました。

＊赤線：戦後、売春防止法の施行までの間、江戸時代からあった公娼＝遊郭を黙認した区画で、特殊飲食店と呼ばれた。
＊入会地：村全体で所有して、共同利用が認められた土地。
＊青線：赤線に対してこちらは、非合法で売春が行われていた私娼街のこと。

江戸時代は旅籠に遊女が置かれて栄え
戦後は赤線として300人以上の女性が

海神新地からも近い浄勝寺の境内には、下の病気で悩む遊女たちが信仰していたという、通称「お女郎地蔵」が残っています。

都市再開発の波が押し寄せる海神新地にいまだ残る、珍しい木造の小料理屋の建物。渋い外観ですが、窓の意匠が凝っています。

閉店したスナック「八千代」のシートが残ったままの家屋は、通りに面する表側だけお城のような洒落たデザインの看板建築。最盛期にはこうした華やかな建物が建ち並んでいたと想像されます。

ミネの看板猫。海神新地の移り変わりを見守ってきたのかもしれません。かつて隣には、千葉県内で最後まで残ったストリップ劇場「若松劇場」がありました。

裏道に古い街灯が１本だけ現存。この近くに、木造２階建の元*妓楼の建物がアパートとして残っていました。2009年頃惜しくも焼失しました。

＊遊女を置いて客を遊ばせるお店

28 弥勒新地

佐倉市　京成本線·京成佐倉駅より徒歩20分　2020.10.24

旧道沿い、弥勒新地の隣にある赤い山門が目立つ日蓮宗妙経寺。
階段を登ると赤い柱が印象的な本堂が見えます。

この遊廓は、旅人だけでなく軍人の相手で発展しました。1874年（明治７年）、佐倉城址に歩兵連隊が設置されたあと、そこから東へ約2.4kmの街道沿いで開業。規模としてはほかの遊郭に比べて小さかったようです。周辺の地名「弥勒町」から「弥勒新地」と呼ばれていました。

国の公認だった遊廓の跡地には現在、建物は残っていませんが、墓石や像、過去帳を頼りに遊女たちの生きた証を辿りました。

佐倉市にある「佐倉新町おはやし館」で聞いた地元の女性の話では、「彼らは国で配布されたスキン２枚を持ち、裏新町を通って軍隊から一直線。この遊廓へ通った」とのことでした。

1923年（大正12年）頃から、子弟教育への反省ムードが強まり、遊廓内からは廃業、移転するものが相次ぎました。

私がここの存在を知ったのは、1928年（昭和３年）に松井天山が描いた「千葉県佐倉町鳥瞰図」の中にあったからです。現在も営業中の三谷綿店と妙経寺の間に、「遊廓」「若葉楼」の表記と木造２階建の豪壮な妓楼が描かれています。

妙経寺の現住職は女性で、私が同じ女性として遊廓について調べていることに共感していただき、取材を重ねました。住職は幼少期に、もともと妓楼だった建物に立ち入った記憶があるそう。また、明治生まれの近所のおばあさんが遊女の世話をしていた話もしてくれました。

この寺にあるという、遊女が妙経寺に納めた釈迦像も見学できました。それだけでなく、寺で保管されている過去帳から、明治〜大正期の、この遊廓全盛期の情報も得ることができました。

そのほか、妙経寺にはない、弥勒新地の遊廓に関係するものとして当地以外で一般公開中のものは、国立歴史民俗博物館内にあります。弥勒新地の遊廓で作成された、凱旋を歓迎したハンカチなどが展示されています。

軍人の相手で発展した遊郭
国から配布のスキンを持ち軍隊から直行

住職によると、三谷綿店（左の茶色の家屋）と妙経寺（右奥）の間、旧道に面した空き地には、50年ほど前まで妓楼が存在したとのこと。中央にある大きな桜の木は当時のものか。遊廓入り口の門もそのあたりにありました。

妓楼で働いていた遊女の墓が残っていました。右読みで「成田楼」。風化しておらず、文字が読み取れる貴重な史料です。現在の住職も把握していなかったもので、新たな発見となりました。

「成田楼みね」が妙経寺に収めた釈迦像。全長15cmほどで木製の台座に乗っています。現在も毎年、花まつり法要で使用しているそうです。

妙経寺から坂を少し下った場所に、小さな妙見様が祀(まつ)られていました。かつては、毎年8月21日に縁日が行われ、遊廓の出入り口からここまで出店が並び、日暮れ時から夜半過ぎまで大変な賑わいだったと言います。なぜか現在は社(やしろ)ごと撤去されています。

うしろには、「佐倉新地成田樓みね　妙経寺納　明治三十三年四月八日」。花まつりの日ですね。もしかすると遊女による手彫りなのでしょうか。生々しいです。

29 平潟遊廓

松戸市　JR常磐線・松戸駅より徒歩10分　2020.3.24／2020.6.21

かつての目抜き通り沿いに残っていた、最後の柳の木。この木の前には洋風の妓楼「百年」が存在したそうです。柳並木と妓楼が並ぶ景観は想像するだけでも情緒が漂います。

かつて、江戸川沿いの水運の街として栄えた松戸宿。松戸駅西口を出て旧水戸街道を過ぎると、江戸川堤防へ。そのかたわら、平潟神社や来迎寺がある住宅街となっている一角が平潟遊廓の跡地です。メインストリート沿いに複数の妓楼が建ち並んでいました。

江戸時代の寛永年間、各妓楼にはたくさんの飯盛女がいました。その後、明治～昭和にかけて発展。10数軒の妓楼が柳並木とともに並び、通りの両端には門が建つ、まさに「*廓」でした。

第二次大戦後はカフェーとして再開しましたが、1954年（昭和29年）、早々に廃業を決定し、「柳仙育英センター」に。残っていた７軒の妓楼は、大学の寮として転用。1990年代までそれら妓楼の建物は残り、唐破風屋根を持つ純和風な大店「叶家」が最後まで生き残っていたそうです。

現在、平潟遊廓時代の妓楼は残っていませんが、妓楼が奉納した*天水桶や墓石、道標が水堰橋の近くに残っています。

もう１つ、遊廓に関する史跡が遊廓の跡地から離れた松戸駅東口方面にあります。遊女が夜な夜な祈願したという逸話が残る「池田弁財天」の説明看板には、話の全文が書かれています。「もうし池田の弁財天様。女として一番大切な、そして恥ずかしいところですが、どうぞなおしてくだしゃんせ」……。そこの鳥居は、ビルに囲まれた中で静かな存在感を放っていました。

＊廓：もともとの意味は、都の外周を囲んだ壁。　＊天水桶：江戸時代に、防火用水、飲用水、打ち水として雨水を溜めていた桶。

寛永年間、各妓楼にたくさんの飯盛女が
妓楼が奉納した天水桶、墓石、道標

平潟神社（水神宮）。遊廓跡のすぐ近くにある神社は、多くの遊女が訪れたことでしょう。当時を想像しながらの遊里巡りに欠かせない場所です。

鳥居の奥に木製の鳥居が並ぶ様子は圧巻。「子どもだけで辨天様へ入って遊んではいけません」と入り口に看板が立っています。浮わついた気持ちで訪問すべき場所ではありません。

平潟神社内、本殿前にある２つの天水桶は、妓楼「九十九楼」が奉納したと思われます。

来迎寺内にある遊女の墓石です。正面に右読みで「九十九楼」とあり、かつてこの地に存在した妓楼名が書かれています。

平潟遊廓を示す道標。左右を指差す絵が入っています。下部に「右　流山野田道　左　平潟遊廓道」。左方向には、現在もそのまま遊廓跡があるのです。

ディープ街研究 こだわりポイント

ブログを始めたきっかけ（玉川旅館、大野屋旅館）

ブログ「Deepランド」を開設したのは、2020年6月22日。始めるきっかけとなったのは、ある旅館の閉業〜解体でした。

国の登録有形文化財の解体

2020年6月、新型コロナウイルスが流行し外出自粛が求められる中、1921年（大正10年）に創業した割烹旅館「玉川旅館」（船橋市）が閉業となりました。国の登録有形文化財に登録された、規模の大きい木造の建物で、太宰治が執筆した客室が残る歴史的建築でした。今の私だったらすぐに宿泊している垂涎ものの宿。しかし、当時の私はその存在を知っていながら、高級旅館の敷居の高さに加えて、身近な文化財ということで、「いつか行こう」という程度で気を抜いていました。その後、建物は更地に。

その際に、「身近な建物、街並みこそ記録しなければ」と痛感し、千葉県内の全駅制覇を目指し、スポットライトが当たらないような街並みを記録し始めました。

船橋駅近くに残っていた木造旅館の佇まいは、船橋の歴史のシンボルでした。背後にタワーマンションが建っていますが、旅館の跡地にもマンションが建設中です。

2020年5月、解体前に急いで見学に行った際の玉川旅館の玄関。私と同じ気持ちでか、地元の方々が大勢集まっていました。

大野屋旅館は、成田山新勝寺の参道沿いにあった、望楼のある木造３階建の旅館建築。私が行ったこの写真の時点で、しばらく前に旅館はやめていて、飲食店として営業していました。

解体直前の大野屋旅館を訪問。建物はフェンスで囲われ、望楼や建物全体のガラス窓は外された状態に。老朽化していくこうした木造建築を維持するのは大変です。

ブログのコンセプト

私のブログのコンセプトは「大人の夢の国へようこそ！〇〇ランドよりもDeepランドに行きたい！」。〇〇はご想像にお任せします。煌びやかなテーマパークではなく、解体された建物、遊廓の歴史、老舗、また、電柱などの陽の当たらない小さな記憶と記録が集まる場所。それらを多くの人に現実で体験してもらうのは難しいこと。ならば、インターネット上だけでも再現したいと思ったのです。

少し前までそこに当たり前にあったものが、跡形もなくなくなってしまう。いつか失われてしまう、その当たり前の風景を残したい。その記録は、何十年後に知らない誰かの役に立っているかもしれないのですから。

Deepランドのdeepは「深い」という意味。ディープスポットを、冷やかしのような紹介ではなく、深く、愛のある眼差しで紹介しています。

ブログを立ち上げた時に、イメージをイラスト化しました。Deepランドというテーマパークに、歴史や建物をアーカイブ化して、いつでも楽しめるようにとの想いを込めています。

建物の利活用への活動（張替酒店）

近年では、ブログで記事を書いたりSNSで発信するだけでなく、建物の魅力を伝えるためにイベントを企画するなど、リアルの活動にも力を入れています。身近な文化財の解体を前に何も動けなかった、2度の悔しい経験を通して、次の機会のために、ブログでの発信や、千葉県内各地を訪ねる中で人脈を作っていきました。

今までのつながりを有効に活かせたのが、かつての御用商人で、明治から続く「張替酒店」(習志野市)。初めての出会いは2021年12月、私が大学4年で取材に伺った時でした。張替酒店の建物は、昭和初期に増築された木造2階建ての店舗に加え、奥に離れや洋館、蔵が残る和洋折衷の邸宅です。

文化財に匹敵する、極めて価値の高い建造物を多くの人に知ってもらいたいと思い、全国の建築でイベントを催している団体「わくわく建築」の方にお願いして、2022年6月、初めての一般向け見学会を企画しました。応募倍率が高く、想像を上回る人気だったため、その後も2回実施。見学会だけでなく、落語会や小学生向け見学会も催して、老若男女問わず集い、この建造物の良さを体感できる企画を実現しました。

1905年（明治38年）創業。現在4代目店主が営む張替酒店の旧店舗。東金街道沿いに面した木造2階建で、窓ガラスも当時のまま。保存状態の良さに驚きました。

張替酒店の一般向け見学会の様子。「習志野の歴史を語る会」や「わくわく建築」の方々などに歴史や建物のガイドをお願いし、充実した時間となりました。

近隣の小学生に、地元に古い建物や蔵が残っていることを知ってもらい、さらに実際に見てもらおうと考えて見学会を企画しました。子どもたちの純粋な感想が楽しかったです。

建物内の記録方法として、360度カメラを選択。専用のカメラ機材を購入し、チェックポイントを細やかに設定しながら、空間をすべて写真に収めました。

また、2024年の店舗移転にあたり、360度カメラでの撮影や、資料を全部スキャンしてデータ化するなど、建物や資料の全貌を記録しておくための作業を行いました。私は専門家ではないのですが、自分として悔いの残らないよう、あらゆる方法を試しました。そのほかにも、張替酒店の昭和初期の宴会を再現した撮影を「軍事法規研究会」の方に、かなり大きな凱旋記念の旗のスキャンを、専門としている松村昂太さんにお願いしました。

ご協力いただいた方々、また店舗移転前のお忙しい期間に、調査を快く受け入れてくださった張替酒店のみなさまには、とても感謝しております。

張替酒店の魅力を伝えたく、ポストカードを作りました。特に気に入っているのは、左側中段、洋館の入り口のものです。

張替酒店の離れでは、落語家・春風亭㐂いちさんの落語会を2回開催しました。いい景色ときれいなお座敷で、雰囲気抜群な落語会になりました。

離れで行われていたであろう軍人の宴会を、可能な限り再現して記録しました。映画「硫黄島からの手紙」でも知られる栗林中将が、酒宴後に一筆残した書も左上に。

「軍事法規研究会」の方々のご協力により、所作（しょさ）や食器類の使い方も当時にならって行いました。

離れの縁側。張替酒店の昔の前掛けを着けた店主が手前にいて、軍人と語らうシーンを再現した写真です。ここの美しい中庭を眺めながら、お酒もすすんだことでしょう。

張替酒店で見つかった出征記念の旗は４ｍほどもあって、私では撮影ができなかったので、資料のスキャンを専門としている方にお願いしました。

地元での聞き取り調査（展示会、冊子）

千葉県内の調査と並行して活動しているのが、地元での活動。数年前から、習志野市大久保の「市民プラザ大久保」に拠点を置く「習志野の歴史を語る会」に参加しています。メンバーは大半が80代。10年ほど前から、地元の歴史に詳しい古老の方々が集まり、大久保に関する歴史（騎兵連隊が置かれていた、など）の展示会を開催していました。私も以前から伺っていたのですが、会の存続のためにも若い世代の力が必要とのことで、ご縁があって協力することになりました。私が一番若手のため、主にSNSでの発信や冊子作成などを担当しています。

展示会

年に３～４回ほど「市民プラザ大久保」で歴史の展示会を開催しています。私の母が得意のイラストを活かして手描きの展示物を作成。２つのショーケースには、小規模ながら、当時使われていた生活用品など本物の資料を展示。習志野市には郷土資料館がありませんが、地元で眠っている資料の保存、公開に少しでも貢献できたら嬉しいです。

「市民プラザ大久保」で開催された、昭和20年前後の聞き取り調査の展示会。ロビーの一角を借りて、みなさんから聞き取った情報を手書きでマップに貼っていきまとめました。右奥のショーケースには、当時使われていた鉄兜（てつかぶと）などが並びました。

大好評だった「津田沼で蘇る懐かしい思い出」の展示。中央には、船橋市・習志野市両市からの提供写真と昭和グッズ。左は、閉店した「津田沼PARCO」の特大ポスター。右は「サンポーショッピングセンター」からの聞き取り調査をまとめたもの。

講演会

展示会のテーマに沿った専門家や地域の方々をゲストにお招きして講演会を開催。吉本興業の芸人・ひなたぼっこさんとご縁がつながり司会をやっていただいた時は、いつも以上に賑やかな場となりました。

「市民プラザ大久保」のスペースを借りて講演会や視聴会を開催。これは2023年に開催した「サンポーショッピングセンター」開業時、50年ほど前の16㎜フィルムの上映会。遠く九州から参加した方がいるほど大盛況でした。

冊子作成

展示会の資料をまとめた冊子を作成・販売しています。教科書に載らない地域の小さな歴史を後世に伝えるための記録本です。冊子の売り上げは会の運営費用になります。

今まで作成した冊子。左から、『小林写真館 100年前の写真帖』『わが郷土 習志野』『津田沼で蘇る懐かしい思い出』。文・編集ともに、素人ながら私ががんばって制作しました。

郷土史の活動を広げたい

会の活動を通して、郷土史をいかに一般の方に面白く、広く伝えるかが課題です。全国的に、郷土史グループの高齢化が問題となっていて、担(にな)い手がいなくて解散するといった話も聞くほど。若い世代で郷土史を盛り上げていくために、まずは足元の地域から力を尽くしていきたいと思っています。

「習志野の歴史を語る会」は週に一度集まり、展示会の企画や歴史にまつわる話で盛り上がります。時には収集した本物の資料を囲み、勉強会も。

取材で気を付けていること（配慮、撮影）

千葉県内の各地を歩きながらの街並み撮影と、お店の方や地域の方に歴史を伺うことをくり返すという趣味を続けて数年。いつも念頭に置いていることがいくつかあり、それを書き出しておきます。

建物も人も一期一会

「いつかまた会おう」は通じません。建物も人も同じです。再開発や老朽化で解体される建物、商店街を数多く見てきました。同様に、昔のことを覚えている方々も高齢化しています。そのため、あとになって「聞いておけばよかった」と悔いが残らないように、みなさまに会えている今の時間を大事にしています。

私が使用しているカメラ。Nikonの一眼レフを使っています。通常の探訪では、標準系と中望遠系ズームレンズの２本ですが、写真のバリエーションを豊かにするなど力を入れて撮影する時には、望遠系と広角系ズームレンズも持参します。

地域に住んでいる方々への配慮を忘れない

取材する街には、当然のことですが、暮らしている人、その地に思い出がある人がたくさんいます。写真の撮影が迷惑にならないようにするのはもちろんです。私が発信した内容を読んで懐かしく、あたたかい気持ちになってもらえたら嬉しいです。

撮影はできるだけスピーディー＆正確に

写真撮影においては、早さと正確さを心がけています。正確さについての意識としては、シンプルに「記録」という目的で撮影しています。写真映えするように派手な加工をするとかではなく、自分が見た景色をありのままに伝えることを重要視しています。

私が惹かれること（銭湯、骨董市、寅さん）

私の日常を紹介します。よく出没する場所は建築見学イベント以外では、銭湯や骨董市です。

大学卒業後は、地域に携わる仕事をしながら、仕事帰りに銭湯に行くのが楽しみな社会人になりました。１日の疲れを熱々のお風呂でリセット。広々としてきれいなスーパー銭湯も好きですが、昔ながらの銭湯は格別。「おやすみなさい」と常連さんに声を掛けられるくらい人と人との距離が近く、これからもずっと残ってほしい日本の伝統文化です。船橋市では鉱泉を利用している黒湯の銭湯があり、手軽に温泉気分を味わえるのも魅力の１つです。

骨董市は、2021年頃からハマり、定期的に通っています。初めての出会いは、成田市の宗吾霊堂。初めて購入したのは、明治乳業のジュース「スカット」のグラス（300円）。「来週の木下の骨董市にも出店するよ」と教えてもらい、徐々に大きな骨董市へ出掛けるようになりました。

千葉県内では、以下の骨董市に参加しました。木下（印西市）、中山法華経寺（船橋市）、藻原寺（茂原市）、上総国分寺（市原市）、東漸寺（松戸市）、上行寺（東金市）、八坂神社（香取市佐原）。木下と中山法華経寺は出店者数が多く、お祭りのような賑わいです。地方開催は都内よりも手軽に購入できる価格の物も多いと感じます。

また、流山市にある骨董屋「昭和レトロくろねこ堂」で、昭和レトロ雑貨を購入しています。

好きな人物は、映画「男はつらいよ」の、寅さんこと車寅次郎。大学生の時に全50話を観て、やさしいのに不器用な性格と、日本各地を気ままに旅する姿を自分と重ねていました。つらいことがあった時、この作品を観ると前向きな気持ちになれます。

宗吾霊堂の骨董市。毎月第２・４日曜日に開催しています。こぢんまりとした規模で、この日の出店は４店だけでした。

木下の骨董市で購入した品。「明治チョコレートキャラメル」、カメラの玩具、薬瓶と、特にお気に入りの品である左上の四角い灰皿。

不定期営業の「昭和レトロくろねこ堂」の店内には商品が溢れかえり、棚の中にまでギュッと詰め込まれていて宝探しのよう。数時間、夢中になって隅々まで心掴まれる物を探しました。

骨董市で購入したアンティーク着物を着て、物心ついた時から好きな花札を手に撮影してもらいました。好きな物に囲まれて生活しています。

30 吾妻庵（あづまあん）

東金市　JR東金線・東金駅より徒歩１分　2021.8.22

定食屋・割烹

奥の席から見渡した店内。満員でしたが昼の時間を過ぎると静かに。
天井に設置された緑色のレトロな扇風機が印象的でした。

　このお店を選んだ理由は並々ならぬ昭和感と料理の満足度です。伺ったのは近所の人で活気づいている昼の2時半、満席状態でした。

　手書きのメニューに書かれている値段は、かけそば400円、ラーメン450円、高いものでも天丼700円ととてもリーズナブル。駅前なのに安い価格設定に驚きました。東金駅周辺は個人商店が比較的多く残っていて、良心的価格にしているお店があるのでしょうか。

　コンクリート打ちっぱなしの土間に、型板ガラスの窓、木製の長机と椅子、大きな鏡に手洗い場。エアコンはなく、扉全開で風通しを良くしているのがまさに昭和。

　注文した、天ぷらそば（550円）、肉南蛮（なんばん）（550円）が到着した時は、具材が丼の口縁（こうえん）まで溢れるほど入っていて思わず声が漏れました。天ぷらそばには海老好きにはたまらない大きな海老が４本、弾力があって美味しかったです。何より駅に近いのが嬉しい。東金に行く際のお昼はここで決まりです。

木製の献立表、畳の小上がり、箸立て、型板ガラス……。何もかもが、ザ・昭和！

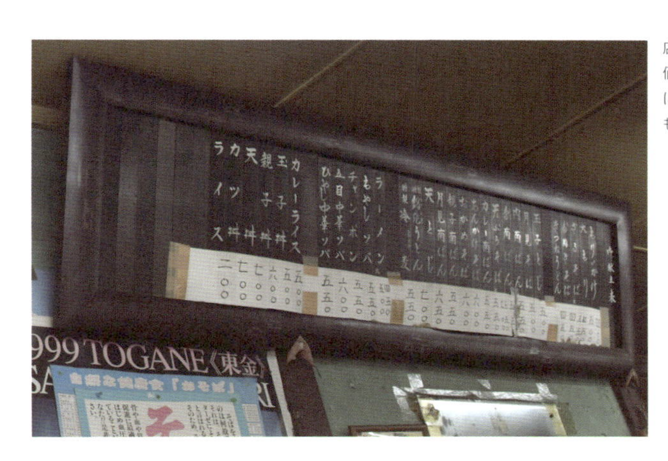

店内に残るメニュー表「御献立表」。価格は今の時代の値上がりした値段に書き換えられていますが、それでも十分、いまだ良心的でした。

レジ横にある、畳敷きの小上がりは、お店の方の休憩場所として使っているのでしょうか。ここにも昭和の飲食店の原風景が残っていました。

天井近くに居並ぶ達磨が歴史を伝えています。お店の方に伺うと、創業は50年以上前とか。階段も見えたので、かつては2階も店舗だったと思われます。

天ぷらそばと肉南蛮を注文。器から飛び出す大きさの海老天。肉南蛮もお肉がたくさん入っていました。

駅より徒歩1分、裏道に面しています。入り口は左右に2つあり、どちらからでも入れます。本当に2店舗分と感じるぐらいの広々とした店内でした。

31　海神亭

船橋市、習志野市　京成本線･海神駅より徒歩1分／京成本線･京成大久保駅より徒歩9分　2021.3.26／2021.2.28

習志野市の海神亭は、京成大久保駅からは少し離れた立地です。
アーケード屋根がさびれた小さな商店街の１店舗として営業中です。

町中華はお好きですか？　安い・美味しい・ボリューム満点と三拍子揃った、昭和を生き抜いた大衆的な中華料理店が街中に残っていると、ついつい立ち寄りたくなります。千葉県内にも数多くの町中華がありますが、その中でも紹介したい２軒の姉妹店が、船橋市に本店がある「海神亭」です。

本店は、1962年（昭和37年）創業。海神駅前の商店街に入り、鰻の寝床のような細長い建物に吸い込まれるように店内へ。狭い通路の奥に続くカウンター席に、常連の方々が連なって座っています。机や壁は時間の流れを感じる、油によるギトギト感。訪問時に大学生だった私は、店内に若い女性が1人だけだったため周囲から浮いているような気がしつつも、550円の安さで美味しいラーメンがいただけて大満足でした。

そして、同じく京成線の京成大久保駅から歩いて大久保団地に。その近くに系列店があります。こちらの習志野店は本店から独立し、40年以上の歴史があるそうです。ラーメン（390円）、ネギラーメン（530円）、焼餃子（300円）を母と注文しました。

インターネットで、こちらの昭和の“本物の町中華”の味に対する賛否両論の口コミを見ましたが、この素朴さが、現代の多種多様な食文化に囲まれて育ってきた私にはちょうどよく映るのでした。

このお店で町中華の味を覚えてから、千葉県内の町中華を巡りたいと思うようになりました。

赤い提灯、朱色のテーブル、油によるギトギト感
40年超え「これぞ町中華」はラーメンが激安

習志野店のカウンター席は、鮮やかな朱色でした。コロナ禍に訪問したので、客足が減っていることを店主さんが嘆いていました。

習志野店の焼餃子は７個入り。お手頃な価格に期待以上の個数、もちもち食感の餃子でした。

習志野店のネギラーメン。大量の白髪ネギにピリ辛スープ、チャーシューも厚めで活力がみなぎります。

船橋店では、入り口から奥まで続くカウンター席にずらり常連の姿が。高い天井からぶら下がる電球がレトロです。

船橋本店のカウンター席にて、料理を作る厨房の様子を間近で見ながらラーメンの完成を待ちます。習志野店と同じ朱色のテーブルの昭和感が食欲をかき立ててくれます。

船橋市の本店。夕方、お店の前を通りかかると、店内と提灯に灯りがともり、幻想的な雰囲気に一目ぼれしました。

32　ぶんしん

匝瑳市　JR総武本線・八日市場駅より徒歩1分　2021.6.15／2023.6.3

お店の入り口には食品サンプルが並ぶショーケースと、手書きのメニュー板。
この手作り感が味わい深い。入店前から気分を高めてくれます。

ハンバーグに和食にパフェ……欲張りな方にオススメしたい、昔ながらのコーヒー＆レストラン。50年以上、地域の方に愛されているお店です。

八日市場駅を出るとすぐに見えてくる個性溢れる手書きメニューが目印で、食品サンプルと相まって、入店前から期待が高まります。

「本日のおすすめメニュー」は「いわしフライ」でした。ごはん、味噌汁、生野菜のセットで750円と、気軽に通える価格です。

店内は広めで、赤いソファに照明、窓にはお花のシールと全体的にポップなファミリーレストランの雰囲気。近隣のご高齢の方が談笑していて、「昔は駅前に喫茶店がもっとたくさんあったよね。そういえば旅館もあったわね……」と、思わず耳を傾けてしまう昔話をしていました。店内のBGMはまるで客の話に合わせるかのような昭和ソング。思わず、ここは昭和？　と錯覚してしまう雰囲気でした。

お店の居心地の良さと料理が好きで２度訪問しており、特にハンバーグとパフェを好んで食べています。デミグラスソースに肉汁（にくじゅう）溢れるハンバーグ、夏らしいスイカが乗ったフルーツパフェ。八日市場の古い街並みと合わせて訪ねたい、心の拠り所です。

手書きメニューと食品サンプルにアガる
昭和ソング流れる席でパフェも定食もうどんも

店内を見渡せる一番奥のソファ席がお気に入りで、そこから撮った情景。赤い椅子や照明、窓に貼られた花のシールがかわいい。地域の方々の憩いの場になっています。

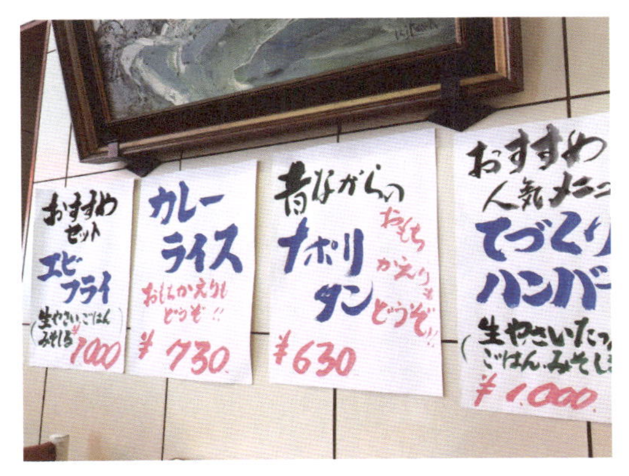

店内にも手書きのメニューチラシが多数貼られていました。黒、青、濃緑、ピンクの色使いに、心をギュッと掴まれます。

てづくりハンバーグ（1000円）。生野菜たっぷりで、お店のオススメ＆人気メニューとのこと。近所だったら通いたくなります。

この時は、ざるうどん（600円）を注文、漬物もセットです。炎天下の中、街歩きをした身体に染み渡るやさしい味でした。

パフェは全４種類あって、これはフルーツパフェ（550円）。オレンジソースがパフェグラスの底にたっぷり。12月～3月限定の苺パフェもいつか食べてみたい。

33 玉家（たまや）

佐倉市　京成本線・京成佐倉駅より徒歩12分　2022.12.18

この界隈で、ここまで重厚な店構えは異質な雰囲気さえあります。
国の登録有形文化財に登録されてはいませんが、千葉県内でも希少な木造の料亭建築です。

鰻の名店は明治から愛される川魚割烹
鯉が泳ぐ池と緑が美しい中庭は「特上」

千葉県で鰻と言えば、成田山新勝寺の参道沿いが有名ですが、佐倉市にも、歴史・建物ともに古い、隠れた鰻の名店があります。1885年（明治18年）創業の川魚割烹「玉家」です。個室でゆっくりと美味しい鰻が食べられます。こちら佐倉店の営業時間は、土日の11時30分〜14時30分。営業時間が限られているので、事前に予約をして訪問するのがオススメです。千葉市にも玉家千葉店があり、こちらは年末年始以外無休のようです。

佐倉には、国立歴史民俗博物館や武家屋敷、竹林に囲まれた侍の小径「ひよどり坂」など、歴史スポットが多数あり、１日楽しめる街です。

京成佐倉駅から南に歩くと見える、県指定文化財の煉瓦造りの「旧・川崎銀行佐倉支店」は、佐倉市立美術館として開館中。付近の通りは、かつての佐倉のメインストリートで「新町通り」と呼ばれ、佐倉城の城下町であり、また成田街道沿いの商業地として発展しました。

玉家は、新町通りの一本裏通りの「裏新町」にあります。古地図を見るとこのあたりには玉家以外にも料亭が存在したことから、かつては大人の社交場として栄えた場所ではないかと推察します。

裏新町の「玉家の坂」と名付けられた坂を下りていくと途中左側に、高級料亭のような古い門構えの入り口があります。斜面に沿って造られた木造２階建は築150年以上。鯉が泳ぐ池を眺められる風流な部屋もあります。女将さんに部屋まで案内してもらいましたが、その途中が迷路のようで楽しかったです。

メニューは、「特上うな重」（4500円）と「上うな重」（3500円）の２種類のみ。いずれも香物（こうのもの）・吸い物付きです。せっかく来たのでと、ここは「特上うな重」を注文。オーダーが入ってから鰻をさばき始めるため、ゆっくりと個室で出来上がりを待ちます。

県内各地で鰻を食べ歩いていますが、このお店の鰻は今までとは違った美味しさで衝撃を受けたのを鮮明に覚えています。口に入れた瞬間、香ばしくパリッとした皮と、厚みのあるやわらかい身にバランスの良いタレが絡み、幸せな気持ちに包まれました。このお店が明治から令和まで愛され続けていることに納得。鰻好きの方にはもちろんオススメしたいですし、大事な接待の場としてもぴったりですね。

玄関では、豪華な絨毯（じゅうたん）や大きなお花がお出迎え。この日は事前予約をしていなかったのですが、女将さんが快く部屋に案内してくれました。

１階の廊下は、鯉が泳ぐ池を見ながら進みます。裏が崖（がけ）となった場所に建っているので、１階と２階で見える雰囲気もガラッと違うのが面白いです。

今回注文した「特上うな重」は、肉厚の大きな鰻が３枚。タレの甘さもちょうど良く、あっという間に完食してしまいました。

崖の斜面に建っているからか、建物内の構造が迷路のようでした。鮮やかな赤の階段の途中には踊り場がありました。左奥が今回食事した部屋です。

待ち時間に館内を見学させていただきました。各部屋ごとに異なる造りで、次回の訪問時はどの部屋を割り当てられるのかが、楽しみになってきます。

2階の客室の窓枠の造作は、菱型が施されて洒落ています。
窓の外には緑が美しい中庭が広がり、四季を感じられます。

34 旧・八鶴館

近代建築

東金市　JR東金線･東金駅より徒歩10分　2021.8.22

本館は昭和初期築の木造２階建。かつてはここがレストラン「八鶴亭」の入り口でした。

「千葉の三大旅館」と称された中で唯一、残っている建物が、1885年（明治18年）創業、木造３階建旅館建築のこちら。旧館、本館、新館含め５棟が国登録有形文化財に登録されています。

浴室棟、ビリヤード棟も昭和初期のもの。近年、取り壊しになる建物が多い中で、大正～昭和初期にかけての旅館建築の美しさが改装されずに残っている大変貴重な文化財です。

桜の時期が特に人気の景勝地「八鶴湖」は、徳川家康が東金御殿を造成した際に整備された人工池で、その湖畔に佇むのがこの旅館。当時、東金には花柳界があり、近隣の旦那衆や文人墨客に愛されていたようです。

また、現・上皇陛下もお泊まりになられたという客室も現存しています。欄間の彫刻や銘木、各客室の異なった意匠、ビリヤード棟の洋風建築など建築に詳しくなくても見応え十分です。

執筆時現在、近年まで営業していたレストランと旅館業、ともに閉業となっていますが、地元のボランティア「みんなの八鶴館」の方々による運営で建物が維持されています。取り壊しの危機にありながらも、東金のランドマークとして活用を模索しているボランティアの方々の姿に深く感銘を受けました。

「みなさんが来てくださること、興味を持ってくださることが一番嬉しい」とガイドの方が話していました。これぐらい大きな規模の古い建築を維持するのは大変なこと。足を運ぶだけでも応援になります。見学イベントも定期的に開催しているので、ぜひ覗いてみてください。

国の登録有形文化財の木造3階建
明治18年創業、旦那衆や文人墨客に愛されて

新館は、1937年（昭和12年）築の木造3階建で、これは2階の客室「富士の間」からの景色。窓の手すりは、客室名からの富士を模した意匠。昔はこの部屋から富士山が見えたのでしょうか。

新館3階への階段。階段中央の手摺りに使われている木材の曲線が美しい。触り心地もなめらか。竹細工の丸窓が、客室だけでなく廊下にも施されています。

新館の、ビリヤード棟、浴室棟へ向かう渡り廊下。古い窓ガラスのゆらめきに囲まれ、あたりの虫の鳴き声と、廊下がミシミシと軋む音が響きます。

洋風のビリヤード棟は、和風建築の中で目立っています。昭和初期に流行したビリヤードは、旅館に台が置かれていることが多かったようですが、専用の建物があるケースは珍しく、現存しているのは千葉県内でここだけ。外壁は石造り風で、赤い屋根瓦が印象的。内部にはステンドグラスがあります。

鏡に施された、浴室棟を示すロゴタイプと矢印のデザインが素敵。ここの風呂は、古くから「東金鉱泉」として親しまれてきたそうです。

35 旧・中西薬局

山武郡九十九里町　JR東金線・東金駅より　2022.2.6

県道沿いに佇む白亜の洋風建築は、その美しさから遠くからでも目立つ存在。
現在、１階部分は特に大きく改装されていて、店舗の面影自体はありません。

九十九里町片貝を訪問した時に偶然遭遇した建物。帰宅後、その場所について調べると、著名な方の建物だったことが判明し、しかも当時の資料まで入手しました。その歴史に衝撃を受けた近代建築です。

県道25号沿い、かつての九十九里鉄道の廃線跡「軌道道」近くに、白い洋風な建物が残っています。現在は民家として“静かな余生”を過ごしているようですが、下見板張りに和風の瓦屋根という組み合わせで、「*疑洋風建築」的な佇まい。一見すると現代風を装っていますが、近代建築好きの眼はごまかせません。

建物脇にはアーチ状の庭園入り口と、石碑が２つ残っていました。うっすらと読めた「月華園」の情報から検索すると、ここが、中西忠吉（1873〜1951年）が経営していた中西薬局と、文化サロンのような月華園の跡地であることがわかりました。

中西忠吉は、1890年（明治23年）に中西薬局を開業。また、薬局経営だけでなく、俳人・中西月華として、地域の文化人としても活躍しました。趣味の写真では片貝を題材にした写真帳や絵葉書の作成、片貝海岸初の海の家の設立も行うなど精力的に活動。碑が残る「月華園」では、伊藤左千夫や坪内逍遥といった文人墨客を招き、講演会、創作活動、町おこし運動などを展開したそうです。

文化財には登録されていませんが、九十九里地方の地域史を語るうえで欠かせない建物です。

＊幕末から明治初期にかけて、日本の大工が、従来の木造日本建築に西洋建築の要素を取り込んで各地に建設した西洋風の建築。

洋風ながら下見板張りに和風の瓦屋根
「疑洋風建築」的な佇まいの文化サロン跡地

2階の、上げ下げ式の縦長の窓は健在。窓枠やガラスが手を加えられていない点が素晴らしい。右側にわずかに見えるのが入り口のアーチ。ここから入る庭に「月華園」の碑が残っています。

建物横の小さな庭園で見つけた石碑。かろうじて読める「月華園」の文字から、建物の歴史をひも解くことができたのです。

戦前の中西薬局の年賀状。店舗として営業していた頃の様子がわかります。看板にはカタカナで「クスリ ナカニシ」。これも洋風を意識したのでしょう。店頭に立つのは店主・中西忠吉と思われます。

建物を横から眺めると、下見板張り＋和瓦の和洋折衷な造り。建設当時は洒落た建物として、この地ではかなり目立っていたことでしょう。

36 旧・元固食堂

君津市　JR久留里線・久留里駅より徒歩２分　2022.8.21

昭和10年頃の写真とほぼ変わっていない外観。かつては2階の窓は色ガラスだったようです。昔は「元固バー」「BAR」の看板が掲げられていました。

この建物は裏通りが正面となっていて、逆側の大通りから裏側が見えます。木造建築をトタン板で覆っているようで、２階部分が看板建築っぽくも見えます。

「カフェー」をご存知でしょうか。明治～昭和初期にかけて日本じゅうで流行った飲食店・風俗営業の１つです。現代の「カフェ」とは違い、白エプロン姿の女給が接客するお店です。女給は、現在のクラブのホステスに近い存在でした。

ちなみに、「純喫茶」という呼び方は、女給のサービスやアルコールを提供する「カフェー」と区別し、純粋にコーヒーや軽食を提供する喫茶店ということから生まれました。

終戦後の「赤線」（P70）にあった、カフェーの形態として許可をもらって営業していた建物は「カフェー建築」と呼ばれています。円柱やモザイクタイルなど華やかなデザインで、現在は遺構が少なくなっていますが、東京では吉原（台東区千束）や玉の井（墨田区東向島）などにいくつか残っています。

そして、千葉県内で唯一現存すると思われるカフェー建築の建物を見つけました。それは、城下町の面影が残る君津市久留里で、駅近くの人通りが少ない裏道にありました。

アーチ型の入り口にかすかに残る、かつての華やかさを感じる色合い。地元の方への聞き取りで「もともとは、元固バー、カフェーだったかな」との情報を得て、図書館で調べると、昭和10年頃の写真に、現在と同じ建物と女給さんの姿が残っていました。

カフェーのあとは食堂に。現在は建物の再生活動が行われているようで、カフェー建築好きとしては大変喜ばしいニュースです。

終戦後の赤線にあった「カフェー建築」
アーチ型の入り口に残る華やかさの残り香が

木製の扉に、右側の丸い窓がある洒落た造りです。「明治学院大学古民家再生プロジェクト」の看板も。2021年頃から再生活動が始まっていて、今後が楽しみです。

扉も上部のガラスも昭和初期のままで現存しています。店名の「元固」は、かつての経営者の名前に由来しているそうです。

アーチ状の入り口。こうした曲線は、カフェー建築でよく見かける特徴的なもの。また、モルタルの外壁にも昭和初期を感じます。

カフェー建築の決め手は「風俗営業（料理店)」の鑑札。千葉県公安委員会からの許可を得て営業していたことがわかります。

37 奉安殿

市原市　小湊鐵道・光風台駅より徒歩12分　2021.12.28

鶴峰八幡宮境内横の駐車場の片隅にポツンと残っています。
手前には、奉安殿の寄付者の名前が彫られた石碑がありました。

「奉安殿」とは、太平洋戦争中、各学校で、「御真影」と呼ばれていた当時の天皇皇后両陛下の写真や、教育勅語などを収めていた建物のこと。戦後、GHQの指示により、全国の奉安殿は撤去、解体されたものが多いので、こちらのように完全な状態で残っていることが非常に珍しいのです。

鎌倉の鶴岡八幡宮、館山の鶴谷八幡とともに「関東三鶴」の1つとして親しまれている、市原市の鶴峰八幡宮。その駐車場の隅に、縦長の重厚な扉を持つ洋風建築があります。知らない人が見たら、公衆トイレと勘違いしそうなくらいの存在感の薄さですが、じつはこれも立派な歴史的建造物なのです。鶴峰八幡宮近くに旧・中高根小学校があり、この奉安殿も当初はその学校に設置されたものかと推察しています。

私が初めて奉安殿を見てその存在を知ったのは、茨城県桜川市でした。そこの真壁小学校にあった、珍しいギリシャ建築の石造りの奉安殿が、現在は旧・真壁駅付近に移築保存されています。

奉安殿は、小さな建築ですが、当時は様々なバリエーションがあり、鉄筋コンクリート造りやレンガ造り、神社風建築などもあったそうです。認知度が低いジャンルですが、「戦争遺跡」の1つとして注目していきたい近代建築です。

戦時中、学校にあった奉安殿は
天皇の「御真影」や教育勅語を収めた建物

正面上部には右読みで「奉安殿」と、立体的で威厳のある書体で記され、その下には、葉のような装飾が、控えめに品良く施されています。

建物を囲む花模様のレリーフが、小さな洋館のようなお洒落な印象を与えます。工法としては、モルタルの*洗い出しの仕上げでしょうか。

銅板葺きの屋根がとても印象的です。中央の小さな傘状部分は、空気孔でしょうか。和と洋がうまく混ざり合ったデザインが日本的です。

扉は、頑丈な鍵でロックされているからか老朽化からなのか、開閉できない様子。鍵には東京の「YOSHIKAWA」製と書かれています。

扉の下部は、苔が生えたり一部破損している箇所もありますが、長いあいだ放置されていたにもかかわらず状態はいいです。建物内の保存状態も気になります。

＊モルタルに玉石や砂利など練り込んで塗り、固まる前に表面を洗い、中の玉石や砂利部分を出してくる左官仕上げ。

38 池田屋菓舗

いすみ市長者町　JR外房線･長者町駅より徒歩７分　2021.9.14

和菓子屋

渋すぎる看板に目を奪われます。立体看板の上部中央にあるのはかつての屋号（マーク）でしょうか。下部には、今は使われていない「電話46番」とあり、文字を読み解くのが楽しいです。右手には堂々たるコピーの「菓子とパン」。

素朴な甘みがクセになる「音羽煎餅」を求めて、JR外房線に乗っていすみ市へ。長者町駅から徒歩10分弱、商店街を過ぎて岬町長者のT字路の角にある、明治創業の老舗菓子店へ向かいました。

現在４代目の女将さんが店番をしています。木造の店舗は創業時から変わらず、立体的な看板は色褪せてもなお、店の顔。なかなかの渋さです。

店内のショーケースには、控えめな配置で、名物である音羽煎餅（２枚で１パッケージが５個＝１袋10枚入で500円）に、どら焼きと角きんつばが並びます。

大正時代から販売されているこの煎餅の歴史は古く、このお店から４㎞の、坂東札所第32番の音羽山清水寺境内にて大正初期に販売されたのが始まり。戦時中の一時期こそ製造は途絶えたものの、再開して現在まで続いています。近年は、いすみ市産の味噌を使用するなど、試行錯誤をくり返し、昔の味を再現して製造されているそうです。

食べてみると、薄いワッフルのような固い生地に、ザラメがたくさん練り込まれた甘い煎餅。噛めば噛むほど素朴な甘みとコクが口の中に広がっていき、気づけば１袋完食していました。

老若男女問わず好まれそうですし、個包装なので日持ちもします。京都の清水寺ほかとともに「三大清水寺」の１つ、いすみ市の清水寺のお土産としていかがでしょうか。

朽ちきった立体看板の圧倒的な存在感
大正時代から続く音羽煎餅は名物に

店内は外観の印象よりも広い。学校の目の前にあるので、かつては、菓子以外にパンやアイスクリームなども棚に並んでいたと想像しました。

交通量が多い通りにある店舗。右側の建物「御休所」はかつて、夏にかき氷なども出していた茶屋だったと聞きました。

中央にある店舗入り口。お店の方によると「建物も100年以上経っていてボロボロ。直したいところがたくさんある」そうですが、自然に朽ちてきた渋い外観に惹かれます。

ふだんは和菓子が並ぶショーケースの上に、こちらの目玉商品である音羽煎餅が。由来について説明が書かれているのが、歴史好きとしてはありがたいところです。

いすみ市銘菓の音羽煎餅。薄いワッフルのような生地にザラメのジャリジャリした食感が特徴的です。

39 廣瀬直船堂

船橋市　JR総武線・船橋駅より徒歩８分　2020.5.31／2021.2.7／2021.11.4

JR船橋駅より徒歩８分ほど、かつて宿場町だった本町通りの面影を今に伝えています。

大正時代からの大看板は金箔貼りだった
敷地奥には珍しい石造りの蔵が２棟

船橋市にこんなに古い建物が！　と目を見張る「廣瀬直船堂」。江戸時代初期の創業から300年以上、現在もお菓子屋として営業中。大正時代に建てられた店舗に加えて、敷地奥には蔵まで現存する、船橋市の貴重な建造物です。看板商品は「関東焼」という薄焼き煎餅。地元の米菓製造所と協力して製造しています。１袋が２枚入りで70円。

気さくな11代目店主が笑顔で出迎えてくれるので、船橋を歩く際はついつい立ち寄ってしまいます。店内には冷暖房がないのに、暑さ寒さをものともせず迎えてくれる姿は敬服です。店舗入り口に扉がないからお店に入る敷居が低く、「最近どう？」なんて、つい世間話に夢中になってしまったりする人が多いかも。そんな、昭和の商店風情が船橋駅近くに残っていることが奇跡のようです。

このお店で注目してほしいポイントは「大きな看板」。昔は、看板の大きさによって税金が決められていて、大きいほど商売がうまくいっている証でした。

現在、軒先に掲げられている１枚板の看板は大正時代につくられたもの。当時は金箔の文字でした。

店内には、さらに大きな明治時代の看板（P108）。左読み英語表記で「HIROSE.C」の店名が。時代の最先端を行っていた感じがしますね。また、「COの0部分」のマークは舟のマークでしょうか。遊び心のある明治時代の看板が令和の店内を見つめています。

店内奥には明治の著名人・山岡鉄舟の書も。明治天皇が習志野の軍事演習観覧のために成田街道を通った際、お供である山岡鉄舟が記念に一筆残したものだそうです。

店舗がある本町通り沿いの家屋は、昭和30年代後半から耐火中高層建築物化が進められましたが、廣瀬直船堂は建て替えせずに建築当時の姿のまま現存しています。

現在、このあたりは再開発の波が押し寄せ、周りには高層ビルが建ち並んでいます。その間に挟まれた廣瀬直船堂は、少しでも風の強い日になると、建物ごと吹き飛ばされそうに見えてしまいます。

店内にはほかにも木製の看板が残っていました。旧字体なのか手作りのためなのか、漢字が独特な形です。奥の壁には、成田街道の名所や山岡鉄舟の書が飾られています。

店内に飾られている、明治時代に使用されていた大きな看板。当時の主流である、黒字に金と白の色遣いは格調高く感じます。

メーカー提供のレトロな看板も健在。カラフルなガムを連想させる「ロッテ チウインガム」看板がかわいい。ほかに、「ロッテ ガーナチョコレート」の丸い看板もありました。

店舗の両隣は高層ビル。2階建の廣瀬直船堂がとても小さく感じますね。店主によると、風が強い日はビル風に巻き込まれて大変らしいです。

店舗の裏には石造りの蔵が２棟あり、現在も住居として使われているのは驚きでした。建築家いわく、珍しい造りだそうです。昔は手前に離れがあり、そこには池もあったとかで、その名残り的に小さい岩山が残っています。

明治時代の廣瀬直船堂の写真。現在の店舗になる前の旧店舗。お菓子を片手にでしょうか、店頭でお客さんが休憩する姿も。

一番のオススメは「関東焼」。薄くてバリバリの煎餅にハマって遠方から訪れる人もいるとか。包装紙もかわいいので手に提げて帰りました。

40 菓匠ふなよし

船橋市　新京成電鉄･習志野駅より徒歩１分　2020.12.11／2023.12.23

ショーケースに展示された季節の上生菓子のサンプル。こちらは春バージョン。
どれも繊細な仕上げで、本物と見間違えてしまいそうです。

季節の上生菓子が格別に美しい和菓子店。各地の和菓子屋を巡った中で一番美しいと感じたのがここの上生菓子でした。習志野駅すぐに1973年（昭和48年）、和菓子店と甘味処として創業。あんみつだけでなく軽食のカレーやシチューも提供していて、お昼時には人気がありました。

お店の外観は＊入母屋屋根を構え、駅前の商店街で大きな存在感を放っていました。建物脇には、店名にちなんだ船の装飾、大きな車輪、そして、かつては滝が流れていたような石垣が組まれ、建築としても面白い要素が見受けられました。店頭に墨書きのチラシが貼られているのも懐かしい雰囲気を漂わせています。

上生菓子は四季によって全種類が入れ替わり、季節の花や行事を取り込んだ完成度の高い品々。ほかにも、名物の「入母屋最中」や、「舟形水羊羹」「習志野わっふる」など、添加物不使用のこだわりのお菓子が販売されていました。

明治神宮の献上菓子を提供していただけあって、店内には奉献銘菓彰が多数飾られていて、販売されているお菓子のクオリティの高さも納得でした。

数年前に甘味処は営業をやめ、和菓子店のほうは2023年12月24日をもって閉店となりました。

＊「切妻屋根」の四辺にひさしを付けた状態の屋根。

四季によって変わる極上の上生菓子は
明治神宮の献上菓子を提供していたクオリティ

和菓子店内は、王道の「和」な雰囲気。おやつとして気軽に購入できるものだけでなく、贈答用も多数。かわいい食品サンプルがたくさん展示されていました。

「舟形水羊羹」（左上）、「習志野わっふる」（右上）、「季節の上生菓子」（右下）、「美児丹（びじたん）」（左下）。どれも本格的な美味しさ。洋菓子である「美児丹」はバターを使ったシンプルな味で、和菓子以外も力作でした。

駅前の商店街沿いに建ち、左側が和菓子店、右側が甘味処の入り口でした。看板を見ると、漢字名は「船義製菓」。「入母屋最中」が名物だったようです。

冬の上生菓子は、お正月が近いので、達磨や鏡餅、鯛、竹飾りなどの華やかなデザイン。高さのある立体的なお菓子で、食べるのがもったいないという気分になります。

この店舗の顔とも言える大きな船の装飾は、店舗横の2階に設置されていて、屋形船が宙に浮いているようでした。店舗の装飾にこだわりが詰まっている点に、昭和の粋と意気を感じます。

41 旧・濱野医院

浦安市　東京メトロ東西線・浦安駅より徒歩10分　2020.8.16／2021.6.22／2022.12.25

記念館

あの"夢の国"で有名な浦安ですが、境川沿いには古い建物が残っています。
木造２階建の洋風建築で、青い屋根が特徴的です。

レトロな病院建築で、診療室や薬品を当時のまま見学できるのは千葉県内でここだけ。しかも無料です。浦安で最初の洋風建築として1929年（昭和4年）に建てられた病院で、その後1996年（平成８年）まで67年にわたり診療を続けました。

濱野医院は明治20年頃に浦安で開業し、明治、大正、昭和、平成と100年以上、３代にわたり地域医療に貢献してきたので、浦安で病院と言えばここというぐらいに、存在感は大きかったのでしょう。

医院部分は洋風、住宅部分は和風という、和洋折衷な造りです。三角屋根の洋館の佇まいは、絵本に出てきそうな雰囲気です。

扉を開けると手前から、受付、薬局、待合室、診療室、その奥に住宅部分が続きます。

受付の裏側には薬品の瓶類も残されており、古い病院の独特な匂いまで漂ってきそうです。

建物は現在、浦安市の所有となり、乳幼児と保護者の交流の場として使われています。そのため、使用されていない休日は、一部住宅部分も含めて、待合室、診察室、薬局の見学が可能です。

医院がある通りは、かつて賑わったフラワー通り商店街。見学に合わせて、浦安の旧市街地の歴史を訪ねてみてはいかがでしょうか。

診療室、薬局、薬品、待合室がそのまま残る
絵本に出てきそうな三角屋根の洋館

診察室は、映画のワンシーンのような静謐な空気感です。私が昔通っていた病院が、薄暗くて怖い印象だったのを思い出します。

入り口すぐにある受付と薬局。外観は水色ですが、中はピンクで統一されて違ったイメージに。小さな受け取り口が、いかにも古い医院らしいです。

薬局の内部も見学可能。実際に使用していた医療器具も、まるで閉院後から時が止まっているかのように、そのまま保存されています。

診察室の一角に残る薬の棚。昔の病院に置かれていた棚は洒落た洋風のものが多く、骨董品屋でインテリアとして販売されているのを見かけます。

薬局内に展示されている薬の数々。現在は使われていない薬、医療器具などには普段触れる機会がないので、惹かれるものがあります。

42 空挺館

船橋市　新京成線・習志野駅より徒歩19分　2022.11.12

2階のバルコニーは、近くに立つと身が引き締まります。
左に展示されているのは、国鉄の津田沼駅貴賓室に置かれていた皇族用の椅子です。

この白亜の迎賓館は明治時代の近代建築で、船橋市にひっそりと残っています。

市民にもあまり知られていない理由としては、陸上自衛隊習志野駐屯地内の展示施設として使用されており、一般公開は、春夏のお祭りの時と、月に一度の見学可能日と限られているからです。現在は、1階が陸上自衛隊第一空挺団の資料、2階が空挺部隊の歴史の関係資料が展示されています。見学は無料。

1911年（明治44年）築のコロニアル様式を基調とする洋館。天皇や皇族が馬術などの鑑賞を目的として、専用の御馬見所として建てられた、まさに迎賓館的建物です。

1916年（大正5年）に、陸軍騎兵実施学校が、東京・目黒から現在地の習志野原に移転するのに伴い解体して移築。戦後は進駐軍に接収された面影が、扉に彫られた英字の跡に残っています。

館内は晩年の明治天皇に寄り添った造りとなっていて、傾斜がゆるやかな「*帝王階段」、入り口からバルコニーまでの導線が最短となるように配慮されている点などが興味深いです。習志野原を一望できたという2階バルコニーは、菊御紋の模様が彫られているなど特に格式高く設計されていて、明治天皇がご覧になった習志野原を偲ぶ気持ちで見学しました。

＊皇族が上りやすいように傾斜が緩やかに設計されたので、こう呼ばれている。

皇室の「御馬見所」だった迎賓館的建物は
明治44年築のコロニアル様式洋館

お気に入りのアングルで撮った「帝王階段」の全貌。随所にあしらわれた装飾にも気品を感じます。写真右奥の扉を開けると、倉庫の部屋へ続く隠し階段もありました。

正面の玄関を入ると中央にある「帝王階段」。ゆるやかな傾斜で、上っていると不思議と心にゆとりが出てくるような階段でした。

レンガ造りの裏門と、そこから見る外観。近年、修復工事によって建物の傾きが直り、塗装も塗り直されて、建築当時の美しい姿が蘇りました。

１階の展示室の扉には、よく見ると消された英語表記が残っています。歴史に詳しい空挺館の館長さんに教えてもらいました。

展示品の一部。１階の天井裏で発見された米軍の缶ビール。ここが、戦後は米軍に接収されていたという事実を実感しました。

43 芝山仁王尊(しばやまにおうそん) 旧参道

山武(さんぶ)郡芝山町　芝山鉄道・芝山千代田駅／JR松尾(まつお)駅より「ふれあいバス」20分　2021.10.10／2023.1.2

街並み

残っている旧・笹喜旅館は、1907年（明治40年）に火災で焼失し、明治42年～43年頃に再建されました。奥にそびえる観音教寺の三重塔と合わせて特に風情を感じる一角。

古くからの街並み、そこに代々住む人々。門前町文化は、交通機関の発展と引き換えに静かに消えていってます。そんな中、千葉県内各地を巡っていて、もっとも衝撃を受けた街並みがこちらです。

芝山仁王尊は、江戸時代、成田山新勝寺とともに参詣する「両山(りょうざん)参り」が盛んとなり、「火事・泥棒除けの仁王様」として庶民の信仰を集めました。

その仁王門前と、境内の東側には、小さいながらも門前町が形成され、明治26年には仁王門前に２軒、東参道に７軒の旅籠がありました。

旅籠は、芝山仁王尊へ参拝する*講社(こうしゃ)による利用が多く、東京の下町や神奈川、群馬など遠方からも宿泊客が。また、旅行者の使用だけでなく、芝山町の人々による宴会や集会の場としても使用されたそうです。

以降、近代に入ると旅館となり昭和30年代まで営業を続けました。しかし、1978年（昭和53年）に成田空港が開港すると、芝山町の７割ほどが騒音移転の対象となり、30戸以上あったうちの数戸を残して移転。対象となった門前の旅籠の建物も現存するのは３軒だけに。

現存するのは西から、笹喜(ささき)旅館、藤屋旅館、西村旅館。門前の景観を残すため、建物の一部が保存されました。旧・藤屋旅館は、近年まで参道沿いの母屋が存在しましたが解体となってしまい、現在は大正６年に増築された離れ座敷と庭の一部が保存されています。

＊同じ神仏を信仰する人たちによって結成された集まり。

消えゆく江戸時代から栄えた門前町文化
旅籠の建物が3軒現存する貴重な街並み

芝山仁王尊・観音教寺は、781年（天応元年）開基。この立派な仁王門前には門前町が形成されていましたが、現在、跡地は空き地になっています。

明治43年にはこのあたりに、4軒の旅籠と、米屋、味噌屋、醤油屋、酒屋、菓子屋、飴屋など12軒の商店がありました。その頃からある煎餅屋の「力せんべい」は、今も営業を続けています。

お正月には出店が並び、旧・笹喜旅館の店内では骨董屋が開かれます。1年でこの季節だけ参道は人で溢れかえり、賑やかだった頃の情景がイメージできます。

旧参道の一番東に位置する旧・西村旅館では、窓ガラス越しに覗くと、*講中札が現存していました。定宿にしていた講社の名前や地名が書かれています。

旧・笹喜旅館内。骨董屋が開かれていた時だったので、店内ではなく1階の土間部分を見学しました。中央に掛かっている大きな柱時計は、横浜の「金港連」と書かれたものです。

＊前出の「講社」が、参詣に向かう時に作り、旅の途中で泊まる旅籠屋などに掲げていった札。

44 茂原

茂原市　JR外房線・茂原駅より徒歩20分　2021.8.10

昌平町通りの「田中屋陶器店」。土蔵造りの店舗は２階部分の屋根が崩れ落ちていますが、なんとこれでも営業中！　古い品の掘り出し物がありそうです。店の前には「合カギ」の看板がポツンと。

茂原は、関東三大七夕祭りの１つである「茂原七夕まつり」が開催されることで有名ですが、それ以外にも歴史ある商店街や文化財が残り、街歩きにオススメな街です。

その祭りの中心となるのが「茂原榎町商店街」。駅前通りから続く長い商店街は、20年近く前まではアーケード屋根に覆われていました。デパートがあり、多くの個人商店が並び、1970～1980年代に最盛期を迎えて大変賑わったそうです。

現在は屋根が撤去され空き店舗も多い通りですが、「何もないのが逆にイイ！」と、そのレトロさを活かして、映画やドラマのロケ地としても使用されています。

榎町通りからさらに西にある「昌平町通り」は、江戸時代から続く交易の場として栄えたところで、茂原の中でも特に江戸期の古い建物が残っています。現在も毎月、４と９のつく日に「六斎市」という名の市が開催されますが、これは、400年ほどの歴史がある定期市なのです。

また別に、国道128号線沿いの本町通りは、かつて「庁南茂原間人車軌道」が走っていた通りでした。茂原駅から長南町までの約９kmを、人が押すことで走る「人車」です。その現物は「茂原市立美術館・郷土資料館」に展示されています。

「ロケで話題のまち」として最近注目を集めている茂原。今後も、ロケ地巡りと合わせて歴史散策も楽しめそうです。

注目され始めた「ロケで話題のまち」
400年続く定期市が毎月5～6回開催

榎町通り近くにある「河野写真館」の、風見鶏が付いた洋風建築はドラマのロケでも使われています。1904年（明治37年）創業から120年、現在も写真館として営業中。

国の登録有形文化財に登録されている「茂原昇天（しょうてん）教会」。1933年（昭和8年）に現在の新聖堂が落成。茂原でキリスト教の伝道が始まったのは1897年（明治30年）頃でした。

「銀座商店会」沿いのレトロな建物群。いずれもシャッターが閉じていて、銀座と呼ばれていた時代が遥か遠くに感じます。

本町通りの「旧・村田屋本店」は、かつての本町通りの街並みを残す建物。右手に残る看板に、「陶器 銘茶 ふすま紙」と書かれていて、様々な商品を扱っていたことがわかります。

「榎町通り商店街」は、全蓋式アーケード屋根が撤去されました。「茂原七夕まつり」の時期は、大きく鮮やかな七夕飾りで商店街が彩られます。

45 八日市場の看板建築

匝瑳市　JR総武本線・八日市場駅より徒歩10分　2021.6.15

昭和２年築の看板建築は、現在は営業していない様子の「旧・灰吹屋薬局」。
２階部分の縦長の窓と小さな装飾が、*パラペットの下を囲んでいます。

近代建築好きな方にオススメしたい、あまり知られてない魅力的な街が八日市場。千葉県内の古い街並みとしては「北総の小江戸」と呼ばれる香取市佐原は有名ですが、本書では、ガイドブックには載っていないスポットを選びました。

国の登録有形文化財が旧道沿いに３軒、それ以外にも、文化財に指定されていない看板建築や、古い商店、銀行の建物が多く残っています。

八日市場の歴史は江戸時代からで、江戸と銚子を結ぶ「浜街道」の宿場町として発展。九十九里浜で獲れたイワシの〆粕、干鰯、年貢米などを運ぶ重要な流通路に。元禄期に入ると世の中が豊かになり、物見遊山の旅が盛んに。江戸で人気の銚子を目指す旅人の往来が増えました。

地名の由来は、毎月８日と12日に定期市が開催されていたことから。古くから商業の街として、また匝瑳地域の物資の集散地として発展し、本町通りを中心に商店が建ち並んでいました。

現在は国道126号が南側にあり、かつてのメインストリートである本町通りは旧道になりましたが、古い建物が連なる商店街は健在です。レトロ調な街灯と、流れている音楽を楽しみながら八日市場の古建築散歩に出掛けてみてはいかがでしょうか。

＊平らな屋根やバルコニーの外周にある立ち上がり部分。

江戸時代の宿場町に連なる古い建物
ガイドブックには載っていないツウの街

昭和初期築の店舗兼主屋と大正期の石倉庫が、国の登録有形文化財となっているのが「つるや鶴泉堂」です。屋号の「鶴」をあしらった瓦や雨樋に注目です。

明治38年築の重厚感のある土蔵造り2階建が国の登録有形文化財となっている和洋菓子店の「坂本総本店」。江戸後期に創業し、茄子を砂糖漬けにした「初夢」が有名です。

何の店だったか不明の「旧・丸平商店」は、昭和4年築の看板建築。現在は営業していません。縦長の窓、パラペット中央の植物のようなデザインと、軒下の波模様の装飾が美しい。

国の登録有形文化財に登録されている昭和6年築の看板建築は、本町通り沿いにある「新井時計店」。店内には、右読みの「トケイハアライ」のネオンサインがあります。

本町通りの風景がわかる戦前の絵葉書。左の並びに「つるや鶴泉堂」があります。最近までこの近くで営業していた「多田屋書店」が発行していたものと考えられます。

46 香取神宮 旧参道

香取市　JR成田線・佐原駅より千葉交通バス「香取神宮」下車徒歩５分　2021.8.31／2022.9.25

「旧・笹川屋旅館」は、木製の看板が掲げられていますが営業はしていません。
講社の方々を迎えたであろう玄関。今にも女将さんが出迎えにきてくれそうです。

現在はその役目を終えた、旧参道の街並みには惹かれるものがあります。今はしない、けれど想像すると見えてくる人々の賑やかな声。土産物店や旅館が並ぶ寺社の参道沿いを、戦前の絵葉書と見比べて歩くのが好きです。

関東を代表する神社の香取神宮。駐車場に隣接する参道は土産物店や飲食店で賑わっていますが、こちらは戦時中に設置された新しい参道です。昔は本殿の西側に石畳の参道が続いていました。

1940年（昭和15年）の皇紀2600年記念行事に向けて行った境内大整備の一環で新しい参道が完成し、旧参道沿いのお店は新しい参道沿いに移りました。

現在の旧参道はと言うと、鳥居や石畳（いしだたみ）は撤去され、商店や旅館の跡は空き地になっていて、参道としての面影はほぼ残っていません。しかし、当時の建物が唯一、旧参道の一番西側にそっくりそのまま残っていて驚きました。それが「旧・笹川屋旅館」の建物です。

近年営業している様子がないので話を伺えないのが残念なのですが、この建物の存在自体が、かつてここに旧参道が存在したことをしっかりと後世に刻んでくれています。ここを通して、昔の人々の往来の様子が目に浮かびます。

石畳の参道の面影は消えてしまっても
昭和15年以前の建物の旅館が1軒残る

「*雨乞塚(あまごいつか)」から見た「旧・笹川屋旅館」。絵葉書と同じ構図。2階の窓枠、手すり、屋根等は改装されており、旅館閉業後も大切に維持されているなと感じました。

戦前の絵葉書より「下総香取町宮中四ツ角杉香樓　笹川屋旅館」。現在残る、木造2階建で奥に蔵を有する笹川屋旅館の姿（左の写真）とほぼ変わらないのがすごいです。

旧・笹川屋旅館方面から見た旧参道。昭和初期の絵葉書を見るとこの通りには、本殿西側に鳥居が建ち、旅館が4軒、土産物店が10軒、茶店2軒、雑貨屋、玩具屋、郵便局などが軒を連ねていました。

奥に見える酒屋「岩立商店」は、旧参道沿いで唯一営業しているお店で、明治28年創業。左奥は「*要石(かなめいし)」が見学できます。

私が所有する戦前の絵葉書より「一の鳥居」。旧参道沿いに店舗が連なります。鳥居の左手が旅館「千歳屋(ちとせ)」で、自動車で送迎の様子も。

＊雨乞塚：732年（天平4年）、この地を大旱魃(かんばつ)が襲った際に、聖武天皇が祭壇を設け雨乞いをしたと伝わる。
＊要石：地面に埋まっている部分が多いことから、地震を鎮めると言われる石。

47 つげ義春探訪

鴨川市太海、夷隅郡大多喜町、南房総市古川、袖ヶ浦市長浦、いすみ市大原
JR内房線・太海駅より徒歩10分／いすみ鉄道・大多喜駅より徒歩10分／
JR内房線・南三原駅より徒歩20分／JR内房線・長浦駅より徒歩5分／
JR外房線・大原駅より徒歩20分　2021.9.10／2022.1.21／2022.8.21

つげ義春は、独特な世界観を表現した漫画家で、多くのファンを引き込みました。彼は千葉と縁が深く、幼少期に房総へ移り住み、旅でも千葉を何度も訪れています。彼が見た千葉県内の各所を訪ねました。

太海

小さな漁村には、つげ義春の代表作『ねじ式』の舞台となった路地が残っています。彼が気に入った路地が入り組む漁村風景は今も残っています。

「*メメクラゲ」に腕を刺されて医者を探す主人公が乗った機関車が、漁村の路地に到着するシュールな名場面があり、ここはその舞台となった路地。現在は当時ほどの古い建物は残っていません。

太海の街中に、「つげ義春の代表作」と看板が掲げられています。張り巡らされた路地を歩くと、彷徨う主人公の姿を不思議と自分に重ねてしまいます。

大多喜町

昭和40年に「旅館寿恵比楼」に白土三平の招待で半月ほど滞在し執筆。昭和48年には「大屋旅館」に宿泊。2軒とも昔ながらの商人宿で「おおむね観光旅館より商人宿のほうが気さくで親しめるように思える」（『つげ義春コレクション・苦節十年記／旅籠の思い出』）と綴っています。

丸山町

昭和41年に千葉県を旅した内容が『貧困旅行記』にまとめられています。その中の「旅籠の思い出」「亀田屋の女」に登場する宿に、歩いていて遭遇。ちょうどその本を読んでいた時だったので、歩きながら作者が見た景色をそこに重ねました。

つげ義春が、日が暮れて迷った末に宿泊したという「亀田屋旅館」。現在は営業していません。「まるで時代劇でも見る趣」（新版　貧困旅行記』）と言う表現が納得のいにしえ感です。

＊『ねじ式』に名前だけ登場する謎の生き物。

漫画家が愛した場所の足跡を訪ねて
作品とリアルのクロスオーバーに酔う

長浦

「やなぎ屋主人」の舞台の商店跡が残っています。終電を逃したつげ義春が実際に宿泊し、店内の様子を漫画に描き起こしました。

「やなぎ屋主人」の舞台となった食堂が「旧・よろずや」。作中では「よろずや」は「やなぎや」となっています。10年ほど前までは営業していたそうです。

養老渓谷（けいこく）

昭和63年に宿泊した「川の家」の古ぼけた宿屋の雰囲気が好みだったことを、『貧困旅行記』に記しています。

トンネルを抜けた川沿いに建つ「川の家」。現在は建て替えられ、当時の古ぼけた宿の面影はありませんが、人気の宿です。

「川の家」に残る、つげ義春が利用した頃から変わらない洞窟風呂は、みごとなドーム型。茶褐色の黒湯が気持ちいい温泉です。

大原

幼少期を過ごした町。『海辺の叙景（じょけい）』には八幡岬が描かれています。不動産物件を探す目的で、家族でも大原を何度も訪れていました。

48 若松

松戸市　JR常磐線・松戸駅より徒歩2分　2021.3.23

喫茶店・茶屋

純喫茶とは思えない純和風な入り口は立派な造りで、名家のお屋敷を訪問したような気分に。
入り口だけでも４種類の石材が使用されています。

松戸駅周辺にはレトロな純喫茶が多く、いまだ数軒が営業中。その中でもこのお店は内装へのこだわりが強く、建物・内装は有名な建築家によるデザインだそうで、建築関係の方が見学に訪れるほど。1962年（昭和37年）頃の創業。３代目の女将さんが20年以上、1人で切り盛りしています。

駅東口の飲み屋街である高砂（たかさご）通り沿い、家紋とともに「純喫茶 若松」と書かれたくすんだピンクのテントが入り口の目印。初めて見た時は大人向けのお店かと思ってしまったほど敷居が高く感じられましたが、いざ右側入り口から２階へ。

まず、階段の装飾が豪華です。石垣のような壁、天井にはシャンデリア。店の入り口には、鹿（しし）おどし風な石造りの装飾。

全体的に完全に和をコンセプトにしているのかと思いきや、店内には、洋風の総花柄のソファにアンティークな照明も。床、テーブルや椅子以外は創業時から変わらないそう。和と洋が上手く混在していて、どこか懐かしい雰囲気でした。

店内は喫煙可能。若い人や近所の人たちが談笑していました。搾（しぼ）りたてのレモンスカッシュの酸っぱさが鮮明に記憶に残っています。

石造りの入り口、ミラーボールのシャンデリア 建築関係者が見学に来る建物と内装

2階入り口の階段に下がるシャンデリアは、なんと小さなミラーボールが連なった構造。青い照明に照らされて、あやしげな雰囲気がたまらないです。

重厚感のある花柄のソファ。大人数でも語り合える角のソファ席はスナックのよう。ほかは、４人掛けのボックス席が多めです。

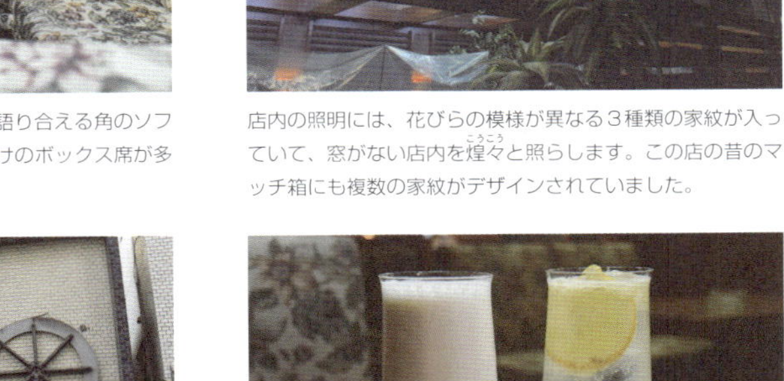

店内の照明には、花びらの模様が異なる３種類の家紋が入っていて、窓がない店内を煌々と照らします。この店の昔のマッチ箱にも複数の家紋がデザインされていました。

喫茶店はビルの2階で、右の階段から上に。「昔は店舗前が舗装されてなく馬車が通っていた」という話も。そのつながりからなのか、外壁に付いた大きな車輪が目立ちます。

バナナジュースとレモンスカッシュを注文したら、出てきたグラスのステム部分のデザインが、思いがけず美しくてうっとり。

49 ニューライフ千城

千葉市若葉区　千葉都市モノレール・千城台駅より徒歩5分　2021.7.20

時代を経ても変わらない、タイルや照明の昭和スタイルな店内は、奥までボックス席が並びます。
お昼時は満席になる人気ぶりでした。

昭和を引き継ぐ店内と、新鮮なフルーツを使った珍しいメニューがあるレストラン＆喫茶です。1973年（昭和48年）創業で現在の店主は２代目。周辺の千城台住宅団地の分譲が開始されたのが1969年（昭和44年）。ニューライフ＝新しい生活への期待を込めて付けた店名なのでしょう。

大きな窓から入る光で明るい店内。ふかふかしたボックス席で、天井には四角い照明が星空のように散らばっています。

フードはどれも本格的で美味しい。ホットサンド、スパゲティ、ドリア、ビーフステーキ……。二大名物は和風ハンバーグと焼肉ライスで、ガッツリ食べたい方にはオススメです。

スイーツ系もメニューが豊富。フレッシュ生ジュースにも惹かれましたが、今回は初めて出会った「クープ」（果肉・果汁とクラッシュアイス）をいただくことに。注文後に生のフルーツでつくられる桃とレモンのクープは、フルーツをそのまま搾った濃厚なシロップのかき氷を食べているような感覚でした。暑い夏にぴったりです。レモンは想像以上に酸味が強く、レモン好きの私も思わず唸りました。

真心が込もったメニューの数々に、遠方からの方でも、またこのお店目当てに訪れたくなることでしょう。

フルーツを使った珍しいスイーツが秀逸
住宅団地の形成とともに歩んだ昭和スタイル

レジ横の壁に飾られているステンドグラスは、山盛りのフルーツを頭上の籠に乗せた天女のようなデザイン。色褪せてもそれがまた味わい深く、美しいです。

商店街沿いに面した店舗。中央の看板がステンドグラス風なイラストでかわいい。2階は宴会としての利用もできる広いスペースらしいです。

クープ（480円）の桃とレモン。ほかに、オレンジ、メロン、バナナ、イチゴがあります。

席の隣に置いてある冷蔵ストッカー。クープをつくる際にここから果物を取り出しているところを見ました。使う果物が見えるのは安心感があっていいですね。

プリンパフェ（600円）は、硬めのプリンと山盛りのフルーツが乗ったぜいたくな品。美味しいカラメルソースを最後まで堪能。

50 Liberty House Garo

習志野市　京成本線·京成津田沼駅より直結　2021.1.30

見る人を圧倒するカラフルさの食品サンプルたち。パフェの価格は、上段のものが600円台、下段のものが700～800円。一番高いのは、フルーツ山盛りのプリンパフェで800円。

駅直結の古びた６階建の「サンロード津田沼ビル」の３階にあります。駅ビル内で営業している喫茶店＆洋食レストランは、千葉県内では珍しいです。３階全体は飲食店エリアで、このお店の向かいにも喫茶店「コーヒーハウス　チャオ」があり、どちらに入るか迷ってしまいます。

京成津田沼の駅前広場で1973年（昭和48年）に開業し、5年後には駅ビル内へ移転。店名の「ガロ」は、てっきり、1973年の名曲「学生街の喫茶店」を歌ったグループ、ガロに由来しているのかと思いましたが、関係ないとのことでした。

店内は茶色のボックス席で落ち着いた雰囲気。喫煙OK。電車の待ち時間やパソコン作業タイムにも良さそう。

このお店の豪華な食品サンプルを眺めるのが好きです。ハンバーグやグラタン、ピザなどメニューが豊富。ドリンクと料理を合わせると72種類もあります。日替わりサービスセットはサラリーマンの嬉しい味方。

私が特に好きなのがパフェ。底が丸い容器で、コーンフレークなどのかさ増し具材がなく、フルーツやアイスが最後までたっぷりのボリュームで満足度が高いです。これで700円台中心はとてもリーズナブル。種類が多く選ぶ楽しみもあります。

昭和感溢れる豪華な食品サンプルに惹かれる
かさ増し具材がないボリューミーなパフェ

スモークがかった窓ガラスに書かれた「Garo」のロゴタイプがキャッチー。店内の照明は、淡い色合いで非日常感が漂っていて素敵です。

隣の席との仕切り壁が目線の高さまであります。これなら、周囲が気にならなくて嬉しいですね。

雨の日も安心な駅直結。大きなショーケースに並んだ、本物そっくりの食品サンプルを見ていると、美味しそうでお腹が空いてきます。

厚みのある食パンに、とろけるチーズをたっぷり乗せて焼いたチーズトースト。

コーヒーゼリーパフェにはガムシロップ、抹茶パフェには黒蜜をかけていただきます。どちらも750円。

51　香取神宮 寒香亭（かんこうてい）

香取市　JR成田線・佐原駅より千葉交通バス「香取神宮」下車徒歩10分　2021.8.31／2022.9.25

山の斜面に沿って建っているので、「見晴らしのよい休憩所」のコピーで。
左手の階段を上ると見晴らし台で、かつては、眼下に梅林、遠くに利根川が見えたそうです。

明治25年創業の茶屋は木造３階建
神社境内に土産物店という昭和文化

香取神宮の境内奥に残る、歴史ある茶屋です。神社境内に土産物店があるのは、今や珍しい昭和文化です。

訪問時、観光客はいなくて、私たち家族だけでした。静かな時が流れる店内の心地よさと、歩んできた歴史に魅せられました。

1892年（明治25年）創業で、現在も変わらず木造の建物で営業中。斜面に建っていて店舗があるのは２階。店舗下の１階が住居スペースやお手洗いで、店舗上に見晴らし台がある３階建です。看板には「御食事処・名代（なだい）だんご・香取みやげ一式」の文字。

板の間を抜け、靴を脱いで座敷へ。畳の上に机と座布団が並んでいます。訪問したのは真夏で、エアコンがないので厳しいかと思ったのですが、全開にした窓から自然の風が入り、風鈴の音や虫の声が聞こえてきて暑さがやわらぐ気がしました。

メニューは名物のだんご以外にも、おでん、ラーメン、焼きそば、ところ天、甘酒、牛乳など、いかにもお食事処らしい品揃えです。ラーメンと名物の団子をいただきました。

だんごは１人前が450円で、７粒という量を考えるとややお高めかなと思いつつ口に入れた瞬間、その考えが吹き飛ぶ美味しさ！　口の中でとろけ、わらび餅のようにやわらかい。ラーメンのあとなのに１人前をペロッと平らげてしまいました。１粒ずつ手作りしているのでしょう。「名代だんご」と呼ばれるのも納得です。

持ち帰り用の折詰は、あん24粒

(1100円)、あん15粒(750円)。だんごは時間が経つと固くなるため当日中に召し上がってくださいとのこと。

建物の左側に小さな石の階段があります。かつてはここが、香取神宮参拝で利根川から船で渡ってきた人向けの旧参道でした。

そして、隣にはもう1つ「香取亭」という茶屋が存在しました。1923年(大正12年)創業。戦前の絵葉書には階段を挟んで2軒が並んでいました。どちらも参拝客に長年愛されてきたのでしょう。

現在、「寒香亭」を営む方は5代目。跡継ぎの方もいるようで、今後も営業が続くことが嬉しいです。100年前と景観や参拝ルートは変わっても、窓際から遠くの利根川を眺め、美味しいだんごをいただく風情に変わりはありません。

酸味を感じる、オーソドックスなところてん(300円)。夏の暑い日でしたが、ヤカンから注ぐ熱いお茶が身体に沁みました。

私が所有している戦前の絵葉書。右が「寒香亭」で、現在とほぼ変わらない佇まいで驚きです。左が今はなき「香取亭」。

醤油スープに細麺の昔ながらのラーメン(550円)。魚系の出汁(だし)なのかサッパリしていて、女性でも食べやすい味でした。

名物のだんご(450円)1人前。あん・きな粉の盛合わせで7粒です。甘みもほど良く、ひと口サイズのやわらかなだんごの虜(とりこ)に。

千葉県内では希少な木造の茶屋です。
東日本大震災でも被害はなかったそうで、古い建造物なのに耐震性に驚きます。

このお店で私のお気に入りの眺め。風が抜ける店内に、「吹く風はまださむけれど　梅が香る　春心地　するやどは　このやど」という、この茶屋を詠んだ歌も飾られています。

52 松戸市・野田市・市川市・船橋市

松戸市・船橋市・市川市・野田市　JR常磐線・松戸駅より徒歩５分、10分／JR総武線・船橋駅より徒歩５分／京成本線・京成中山駅より徒歩15分／東武アーバンパークライン・野田市駅より徒歩10分　2020.3.24／2021.8.6

街灯・電柱

平潟遊廓の跡地にあるコンクリート製の街灯。びっしりと錆びつき茶色くなってもなお、新しい照明が設置されていて現役です。

街中にポツンと残っているレトロな街灯。みなさんは見かけたことはありますか？　街灯として現役のものもあれば、役目を終えてオブジェ化しているものも。

その中でも、コンクリート製の街灯は見慣れない造りで、注目されずに消えていってしまうのは大変惜しい。それを私が初めて見たのは、松戸の平潟遊廓跡地（P74）に残る街灯でした。色街の面影を伝える洒落た造りの街灯が住宅街に５本も残っていました。

その街灯は、途中がキュッと締まり、上部には丸や四角の装飾が。現役当時は、上部の装飾から横に、すずらんのような形の照明がぶら下がっていたようです。

色街だった場所以外にも、住宅街や商店街、さらには神社の境内でも見かけました。地域によってデザインも異なり、札や製造箇所などの遺構が残っていると、発見の喜びも倍増です。

今まで千葉県内を歩いてレトロな街灯が多く残っていた地域は、松戸市、野田市、銚子市です。特に野田市では、レトロな照明が点灯していて、この街が賑やかだった頃を彷彿とさせます。

役目を終えたもの、現役のもの
どちらも賑やかだった情景に誘ってくれます

（左）市川市の若栄商店街の近く、民家の樹木に埋もれるように残された現役の街灯。民家の敷地内にあるから撤去されていないのでしょうか。木々と一体化するのが生き残りの策かもしれませんね。

（右）その街灯の中央部分に残っていた古いプレート。「会」が旧字体の「會」となっています。この地域の貴重な史料と言えそうです。

松戸駅近くの古民家にくっ付くように残っていた街灯。地名と広告のレアな看板に興奮。大正13年に北千住で創業した「丸愛」という月賦（げっぷ）百貨店の広告でした。

（左）野田市のキッコーマン本社近くの裏道には、この写真の2本のほかにもう1本、計3本の街灯が残っています。歩道に横並びする風景は昭和そのままです。

（下）根元から上にきれいに伸びる脚部分が、一番下と中央のふくらんだ装飾含めて美しい。変色も変質もせず現存していて感動しました。

船橋駅近くの飲み屋街に1本だけ残っていた街灯。四角い装飾から伸びる照明の腕の部分が洋風な造りで洒落ています。その後、隣の建物と同時に撤去となってしまいました。

53 下総神崎 最勝院の境内

香取郡神埼町　JR成田線･下総神崎駅より徒歩20分　2024.3.17

本堂から離れた境内の隅に残っていた街灯。
下部のなめらかな曲線が美しく、安定感があります。

「発酵の里」として知られる神崎町は、古くは利根川水運で栄えた宿場で、そのメインストリートが「神崎川岸商店街」。その裏手にある「真言宗智山派 最勝院」の境内に、一風変わった街灯が残っていました。

「献灯　昭和八年十二月二十三日　一千本奉納會」「皇太子殿下御降誕記念」と文字が刻まれています。この形とデザイン、ともにほかでは見たことがありません。当時の文化の先端を走るようなモダンな街灯に見とれました。

上部には、青いタイルと家紋の「三つ鱗」をあしらったようなデザイン。昭和初期に建物で流行した和洋折衷が、街灯にまで及んでいたことに驚きました。

54 こみち通り

船橋市　JR総武線･下総中山駅より徒歩１分　2021.6.15

昭和の商店街を彩った街灯を探していて、「宝石」と表現したくなるほど輝きに満ちた街灯に出会いました。場所は下総中山駅の飲み屋街「こみち通り」。狭い横丁に、黄緑の街灯10個が等間隔で並んでいて大変美しい光景でしたが、2022年春、シンプルな街灯に変わってしまいました。

スナックの看板とともに景色に浮かび上がる街灯。
駅の近くで、昭和の哀愁に浸れます。

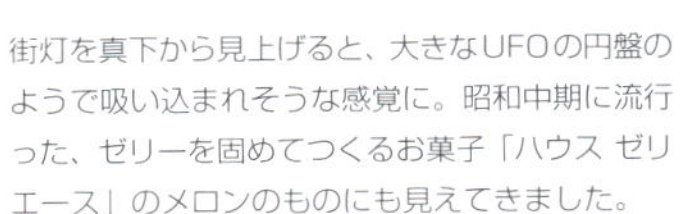

街灯を真下から見上げると、大きなUFOの円盤のようで吸い込まれそうな感覚に。昭和中期に流行った、ゼリーを固めてつくるお菓子「ハウス ゼリエース」のメロンのものにも見えてきました。

［特別編］レトロ瓶

白髪染めの瓶「君が代」です。1910年（明治43年）に発売を開始し、昭和初期にかけて人気商品だったとか。今も昔も人の悩みは変わりません。

ボトルディギングとは

「ボトルディギング」とは瓶を発掘する趣味のことです。「ディグる＝dig＝掘る」という意味で、ボトルコレクションの本場であるアメリカで行われている収集方法からきています。日本ではまだ、知る人もやっている人もかなり少ない趣味です。

昔の日本では、瓶類はそのまま土に埋めて廃棄することが多かったので、その頃のゴミ捨て場（ハケと呼ばれます）を探します。ほかには、崖の斜面や茂み、海岸などを掘ってみるのが、ボトルディギングの第一歩です。

また、海で瓶を探すのは「ビーチコーミング」と呼ばれる収集方法になります。

骨董市からボトルディギング

私が初めてこの趣味を知ったのが2021年春。骨董市で古い瓶を購入したところ、店主から「ボトルディギングという方法で瓶を掘る人がいて、その人が瓶を売ってくれた」と聞いたのです。骨董市で販売している瓶は1本1000円以上と非常に高価なので、気軽に買えません。ならば、自分でボトルディギングを始めたらいいのではないかと思ったのです。

ただ、私もまったくの素人だったので、ボトルディギングの趣味を発信している方たちのSNSや動画を見て、「ハケ」の見つけ方、掘り方、拾った瓶の洗浄方法、瓶の種類、マナーなどを、独学で覚えていきました。

昔の瓶を土の中から掘り出す！
アメリカ発祥の趣味にハマって

初めて掘りに行った時、出土した瓶の多さに自分自身が驚きました。昭和のジュース瓶だけでなく、戦前の薬瓶や佃煮の瓶などが出てきて、その場所が生活感溢れるゴミ捨て場だったことがわかりました。錆びた缶や破片などのゴミも一緒に持ち帰るのがマナーです。

出土した瓶類は、洗剤や小さなブラシで洗浄し、新品に近い状態に仕上げます。手前はハエ取り瓶の蓋。中列左端が大正時代の日焼け対策コスメ「ホーカー液」。中列左から3番目が家庭用染料「みやこ染め」。その右が目薬「観明光」。

ボトルディギングのマナー

- 「ハケ」（ゴミ捨て場）を公開しない
- 出土したゴミの処理を責任をもって行う
- 瓶を掘る際は、土地の所有者の方に許可を得る

初めてのボトルディギング体験

初めてのボトルディギングは、祖母の家の近くでした。偶然通りかかった古い墓地の敷地にて瓶を発見。「キリンレモン」と「サンフィル」の古いジュース瓶でした。これらは昭和30～40年代の物ですが、ほかにもガラス片が多く落ちていたため、後日、所有者の方に許可を得て、ここにあるかもと思われる場所の土を掘ってみることに。

すると、出るわ出るわの割れたガラス片。その場所がまさに求めていた「ハケ」でした。昼から夕方まで数時間掘り続けた結果、戦前の瓶類も含めて大量に出土。初めてにしては上出来でした。

ボトルディギングの楽しさは、自分の手でお宝を見つけることに加えて、100年近く前の人々の生活の様子がわかることにもあります。

なのですが、想像以上に重労働な作業です。骨董市で販売されているものを収集したら楽ですが、それでもこの趣味に熱中してしまいます。まだ誰も見たことがない珍しい瓶を手に入れたいという気持ちや、今見つけないと埋もれてしまうお宝を救いたい気持ち、現代の工業製品では味わえない手作りの瓶の美しさに惚れて、止まらない探求心に突き動かされてしまうのです。

コレクションの一部

瓶が美しさを際立たせる瞬間は、自然光に照らされた時だと実感する写真。
青、オレンジ、黄緑と、光がゆらめく光景は目の保養です。

入手困難な、ひょうたん型*ニッキ水（左と中の2つ）と、トマト型ニッキ水（右奥）の瓶を拾いました。ひょうたんの丸い部分が2連と3連、いずれも奇跡的に割れていません。子ども向けの駄菓子にもかかわらず、凝ったつくりに驚きです。

＊戦前、駄菓子屋で販売されていた子ども向けの清涼飲料水。

長さ13cmのひょうたん型の瓶。中にカラフルな金平糖が入って販売されていたという、ロマンチックな瓶です。

「陸軍衛生材料本廠の水虫液」の瓶。私が所有している中では唯一の、軍関係の瓶です。当時の軍隊は靴の着用が義務化されたことで水虫が大流行したので、これは必需品だったのかもしれません。

インク瓶自体はよく見かける物ですが、戦前に栄えた別荘街で出土したこれは、青がとても美しい。どんな人がこれを使って手紙を書いていたのかと、想像を巡らせます。

地方遠征して持ち帰った瓶たち。瓶に土が付着していて、洗うまではまったく正体がわからないのが面白いです。糊やクリームなどの瓶が多めの回でした。

上の瓶を洗ったあと。見違えるようにきれいになりました。中央の薬瓶は気泡が多数入っていて表面のガラスが薄い。これらは手作りのガラス瓶の特徴です。

小6から現在までの研究紹介

現在の私の活動の原点は、今から10年ほど前の夏休みの自由研究です。小学６年から歴史の研究を始め、毎年、１つの作品として自由研究で発表、市長賞を２回受賞しました。

＊

自由研究を始めたきっかけ

私はもともと、創作活動や発信することが好きな子どもでした。夏休みの自由研究を始めたのは小３から。物心ついた時から絵を描くことが好きで、絵画コンクールに応募するうちに、自由研究という新しい方向性を見つけたのです。家族の協力を得て熱心に取り組みました。「千産千消と農水産物について」（千葉の地産地消ということで）や、「色のふしぎ」「酸とアルカリ実験BOOK」などで、当初は理科をテーマにした、ごく一般的な小学生の自由研究でした。

また、小４～中２までは、手描きのファッション雑誌を30冊ほど作成しました。クラスメイトをモデルにしてファッションイラストを描いて、その作品を見てもらうことや、友だちの嬉しそうな顔に喜びを感じる小学生でした。

「大江戸新聞」江戸時代に夢中に

歴史好きへの転機となったのは、小6で作成した「大江戸新聞及び江戸史跡巡りMAP」。その頃流行っていたテレビドラマ「JIN-仁-」の影響で江戸時代に興味を持ち、江戸時代にタイムスリップしたい願望を、自由研究を通して表現しました。

作品は、江戸時代約260年間の歴史や文化を、手書きの新聞としてまとめたもの。さらに、東京を中心に江戸時代の史跡や博物館を巡りマップ化しました。この時は、両親と弟の家族4人で、江戸城跡や谷中霊園の徳川慶喜の墓などを訪問したことを鮮明に覚えています。

また、小学校の卒業旅行では、栃木県の「日光江戸村」で新選組のコスプレを体験。将来は日光江戸村で働きたいと思うほど、江戸時代が好きでした。

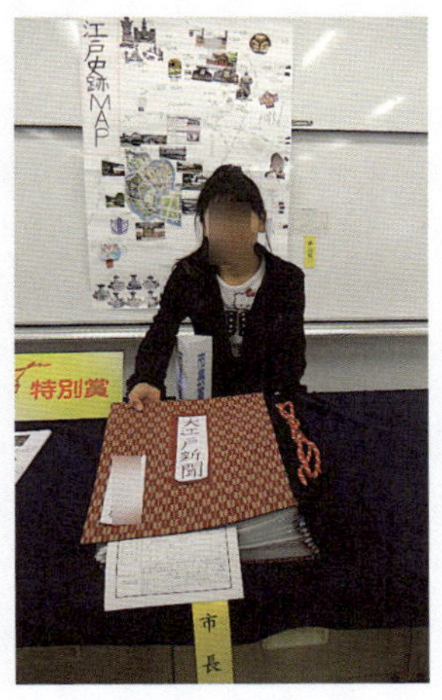

「大江戸新聞」のサイズはA2判とかなり大きい。表紙は赤い矢絣の柄で、江戸時代の雰囲気を表現しました。複数のファイルを合体させてあり、すべて手作りです。

細かいマス目に手書きでびっしりと文字情報を詰め込んだ「大江戸新聞」。得意だったイラストも入れて、学級新聞のような仕上がりです。これで市長賞を受賞しました。

「京都道中膝栗毛」新選組と坂本龍馬を調査

中学の3年間も、自由研究を続けました。中1の頃は、新選組に興味を持っていて、家族の京都旅行の際に関連する史跡を巡り、紀行文としてまとめました。

そして、私のペンネーム「明里」との出会いはこの頃。新選組の山南隊長の恋人であり、島原遊女の明里さん（P153）。彼女が生き抜いた遊郭の世界に惹かれ、遊廓史に興味を持ち始めました。

大学に入りブログを開設した時、明里さんが裕福な育ちではなかったこと、その時の自分と同年代だったことなどから思い入れがいっそう強くなり、彼女の生きた遊廓史を女性目線で調べたいと思い始め、名前をいただきました。

「京都道中膝栗毛」では、前年の作品「大江戸新聞」と対になるような青い表紙に。新選組と坂本龍馬、どちらのほうが人気が高いのか知りたくて、親戚やクラスメイトを対象にアンケート調査を行いました。

京都の島原遊郭跡地を訪ね歩いた時の写真。この島原大門や、置屋の「輪違屋」など、当時の遊郭の面影が今も残っているエリアです。

「成田街道を歩く」街道65kmを完歩

今までで一番力を入れたのが中２の自由研究です。夏の自由研究にもかかわらず、半年前の12月から取り掛かりました。

日本橋から成田山新勝寺までの成田街道全65km（船旅ルートを含む）を実際に歩き、紀行文を書き、街道沿いの史跡や石碑などを写真とともに記録しました。まとめた分厚いファイルは３冊にも。

街道を実際に歩いたからこそ、各地に残る道標のありがたさが沁みました。昔はスマホどころかコンパスもなかったので、石碑を見て現在地や方角を把握したのでしょう。当時の人々の旅への情熱や石碑にかける思いを想像すると、道端の石碑にも愛着が湧いてきます。

現在の街道は交通量が多く、夏場は車からの排気ガスでより暑く感じます。そんな中を歩く時、昔の人々の足腰の強さを実感します。

私が実際に歩いてから10年近く経っているので街並みが変わっているところがあり、この作品自体が貴重な資料になってきているかもしれません。いつかこの自由研究を興味がある方に見てもらえたらと思い、現在の活動を続けています。

「成田街道を歩く」は、Ａ４サイズが３冊。市長賞受賞の作品です。

３冊とも分厚さがよくわかります。左から①「成田街道と船旅コース編」、②「資料編」、③「石碑編」。

表紙は、成田詣での目的地である、成田山新勝寺に関連する歌舞伎の演目の絵図をファイルにコーティングして作るなど、装丁にもこだわりました。

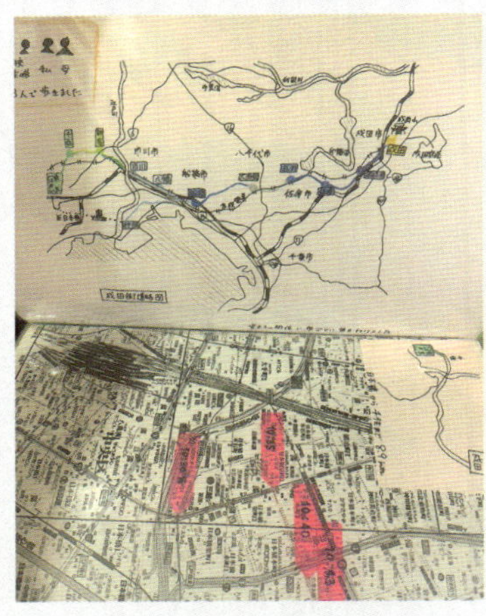

上は、日本橋から成田山新勝寺までの経路。下は歩いた時に実際に使用していた地図で、かかった時間を付箋で示しています。

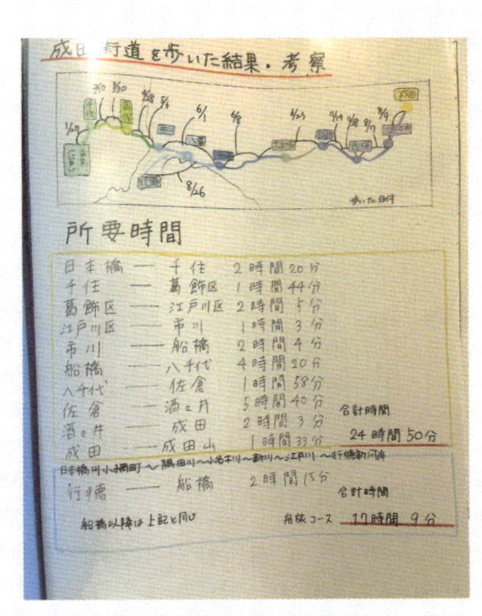

①「成田街道と船旅コース編」の巻末には、成田街道を歩いた結果と考察をまとめ、各市町村に至るまでの所要時間を記載。合計時間は24時間50分でした。

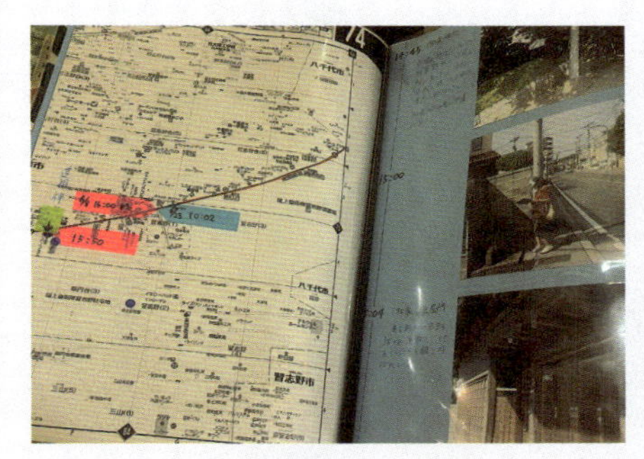

実際に街道を歩いた際の地図とともに、時刻どおりに写真を付けた探訪記としてまとめています。

③「石碑編」では、成田街道沿いの石碑を市町村ごとに分けて、1つずつ、名称、種類、形状、建立(こんりゅう)年月日、銘文を調べたものを写真付きで載せています。本や博物館で調べながらの、一番大変な作業でした。

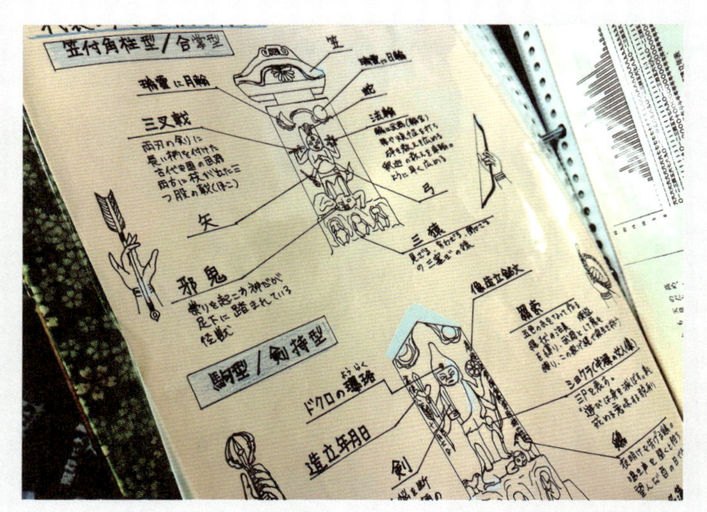

石碑の種類についてをイラストで説明してあります。

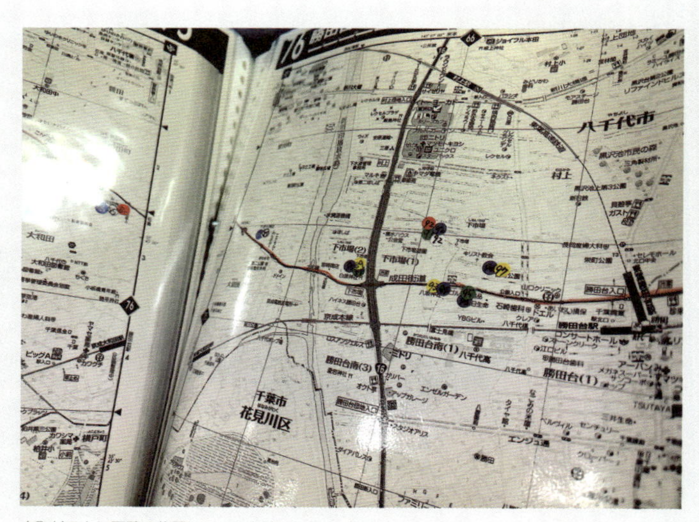

市町村ごとに石碑の位置にシールを貼ってマッピングしました。

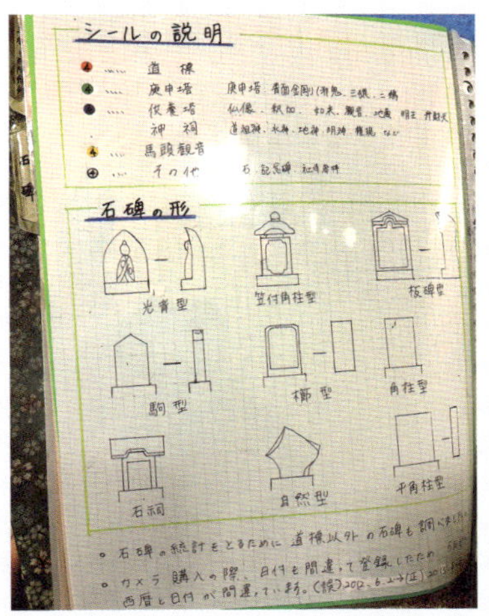

「道標」「庚申塔」「供養塔」「神祠」「馬頭観音」「その他」と、石碑の種類によって地図に貼ったシールの色を変えています。石碑の形は図解でまとめました。

成田街道沿いの市町村すべての石碑を調べました。

②「資料編」は、街道沿いで訪ねた博物館や資料館でもらったパンフレットや資料類を集めてまとめたものです。

地元の郷土史を深掘りする

高校受験を控えた中３の夏休みも、受験勉強と並行して手描きの自由研究を作成しました。もちろん塾の先生には内緒で……。自由研究の集大成として選んだのは地元の歴史。教科書には載っていない身近な歴史＝郷土史を知る面白さを実感しました。この時に出会った方々と、のちに展示会を開くことになります。

関係する現地を実際に訪れ、図書館や博物館で一次情報を得るスタイルはこの時からで、現在の取材でも続けています。

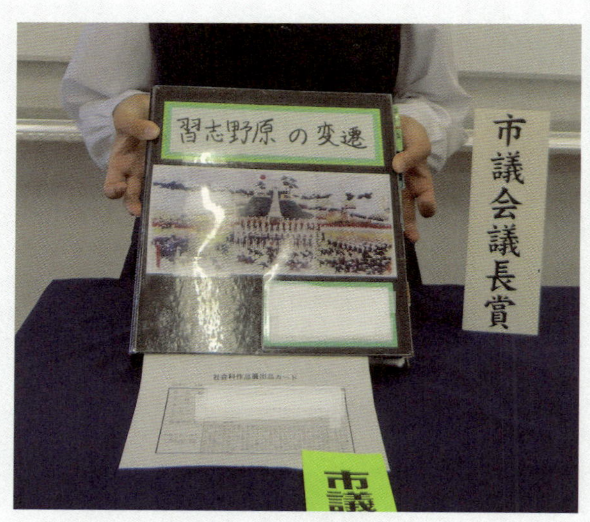

中３で作成した「習志野原の変遷」。市議会議長賞を受賞しました。

趣味を公言し発信できている今

理科の自由研究は県の審査まであるのに対し、社会科の自由研究の審査は市町村までで、それ以上多くの方に見てもらう機会がないまま、作成した自由研究は押し入れに10数年のあいだ放置状態です。

中学生の頃はあまりの私の歴女(れきじょ)っぷりに、「周りから浮くからその趣味については黙っていたほうがいい」という先生からの助言があり、高校～大学２年までは人に話すことは封印していました。周りの友だちには趣味の話ができないので、誰かと語り合えるようにと、校長先生が博物館の方をつないでくださったことも。多感な思春期に、私の趣味を理解し将来を見据えた対応をしてくださった先生方には感謝でいっぱいです。

最近は、若い世代に昭和レトロブームが続いていることから、若くても古いものが好きということが普通に受け入れられるのでありがたく、「好きなものは好き」と公言できること自体が嬉しいです。

新選組に興味を持つきっかけとなった少女漫画「風光る」を描いた、小６の時のイラスト。私のペンネーム「明里」の由来である遊女さん（P146）が右下に。

[解説]

記録の物量、歴史好きな熱量、地元愛の重量 若い人の中で「ザ・本物」の昭和好きと感じて

石黒謙吾

Twitter（現・「X」）で、当時大学生だった明里さんの活動を知り、すぐにブログに流れ着いたのは2021年1月でした。その場で「すぐにという約束はできませんが、長い目で見て本をプロデュース・編集したいです」と連絡すると、「中学生の時の自由研究を書籍化したいなとずっと思っていて、今のブログもその夢を叶えるために毎日記事を更新しています」とお返事をいただき、本書刊行の一歩目が踏み出されました。

最初の素直な驚きは明里さんの年齢でした。僕はこの4年間で、303BOOKSの「昭和偏愛シリーズ」として、昭和関連の本を5冊残してきましたが、著者はほどほどに歳を重ねた昭和生まれの方たちで、1961年生まれの僕からだと7歳下とか14歳下とか。生まれ年では、『昭和レコード超画文報1000枚』のチャッピー加藤さんは1967年。『昭和遺産へ、巡礼1703景』『昭和喫茶に魅せられて、819軒』『昭和ぐらしで令和を生きる』3冊の平山雄さんは1968年。『昭和の商店街遺跡、撮り倒した590箇所』の山本有さんは1975年。大雑把にくくると「世代が近い」わけです。だから、「昔の情景や音楽から蘇る記憶をベースに懐かしさを反芻（はんすう）してゾクゾクする」という感覚を共有できています。

ところが明里さんときたら、なんと38歳下！　となるともちろん本書に出てくるスポットに「懐かしさ」を覚える道理がない。では何が彼女をここまで昭和へと駆り立てるのか、に興味が湧きました。ちなみに、本書をつくり終えた今でも、その答えはわかりません。言語化できない遺伝子に組み込まれた「業（ごう）」のようなものが、昭和の情景や歴史に向かう“粘っこい執念”を生み出していくのでしょう。

明里さんにお声がけした時は『昭和遺産へ、巡礼1703景』が刊行された時でした。ちょうどその頃から、「若い人たちのあいだでも昭和がキテる」という打ち出しで「昭和ブーム」の波が訪れました。メディアで取り沙汰される回数が激増。当然喜ばしいわけですが、SNSやネット記事、テレビ、You Tubeなどを見ていて、ブームに便乗し、浅過ぎる見識で昭和を語る人が出てきたことには「あらあら……」と思っていました。

詳しくなくても好きということは愛好者のスタートラインなのでそれは素晴らしいことなのですが、仕事的に発信するならば、それだけでしたり顔で語っている姿は痛々しいのです。ペラペラな上澄みをトークのノリで押してもバレるものです。けれど、明里さんは対極でした。ブログを見て話もしてみて、その積み上げてきた見識に、僕は「ザ・本物」を感じ取り、本に残さねばと思ったのです。

最初の連絡から５ヶ月後にZoomで長時間打ち合わせしたのですが、その際に、小学生の頃から残す研究のファイル、写真などを見せていただき、本をつくるなら、スポット関連の記事以外に研究紹介のページもつくろうと決めました。全体の紙数の都合でほんの一端となってしまいますが、明里さんの“掘り下げ精神”が伝わってくるはずです。

明里さんのディープ街巡りは、ほとんどが千葉県内。じつはこれ、全国で発売する書籍企画としては、ぶっちゃけデメリットは大きいのです。しかし、彼女の巡ってきた記録の物量、歴史好きな熱量、地元愛の重量は、その障壁を吹き飛ばすなと信じて本書を編みました。今ここに、とっても千葉が好きになった自分がいます……。

[おわりに]

一朝一夕には築けないお店や建物
そこを訪ねて、地域の人々との交流が生まれます

最後までお読みいただきありがとうございます。本書では14個のジャンルを扱った関係上、ページ数の都合で１つのジャンルに数多く紹介はできないため、泣く泣くカットした場所もたくさんあります。特に、旅館には月に１泊以上は宿泊していて、みなさんに知っていただきたい旅館がまだまだ多くあります。そして、千葉県には魅力的なスポットがたくさんあります、と声を大にして伝えたいです。

本を出版することは中学生の時からの夢でした。中学生の時に作成していた夏休みの自由研究は、展示期間以外は一般の方に作品を見ていただける機会がなく、「どうしたら多くの方に地域の歴史を届けられるか」を考えていました。当時はスマホを持っていなかったため、SNSはもちろん、ブログを開設することもできませんでした。

幼少期から読書が好きで、一般書では飽き足らず、地域のマニアックな書物が並ぶ郷土史コーナーに足を運ぶような子どもでした。発信や本に対する憧れからも、「いつか自分の書籍を作りたい、書店に自分の本が並ぶのを見てみたい」と思っていました。そして現在、高校生・大学生の時に一度忘れかけていた夢が実現できて、とても感慨深いです。

家族や友人にはとてもお世話になりました。暑い中を一緒に歩いたり、電車に乗り遅れそうになり駅へ全力疾走とか、時には瓶を拾ったりなど、私の旅は普通の旅とは言えず、傍(はた)から見ると過酷な一面もありますが、それでもついてきてくれて感謝しています。

私の活動を大学生の時から注目していただいて、早々に書籍としてプロデュース・編集したいと声をかけてくださり、「初めて著書を出すならば本腰を入れて作りたい」と思っていた私を待ってくださった、著述家・編集者の石黒謙吾さんにはとても感謝しております。また、刊行を実現してくださった303BOOKSの常松心平社長、私の研究にぴったりなデザインにしてくださった吉田考宏さん、マニアックな内容を手に取ってくださった読者のみなさまにも、感謝でいっぱいです。

私が本書で紹介している、個人経営のお店やマニアックなスポットを訪れること、また、地域の人々との交流といったローカルな旅は、思いもよらぬ出会いがあり、様々な事象が量産化している現代にこそ、光るものがあると思います。

しかし、こうしたお店や建物は、一朝一夕に築けるものではありません。閉業、解体となると復元するのは難しいのです。それらは、一般的なガイドブックに載っていない地域にこそ多くありますので、本書で気になった場所があったら、時代の変化でなくなってしまう前に、ぜひ足を運んでみてください。

明里

あけさと

1999年生まれ。生まれも育ちも千葉県の郷土史家。小学生の時に歴史に興味を持ち始め、自由研究を発表し市長賞を受賞。中学２年で成田街道（日本橋〜成田山）全65㎞を完歩し街歩きに目覚め、その後も研究を続ける。大学３年の時にブログ「Deepランド」を開設し、ライターとしても活動を始める。ブログでは、千葉県を中心に、近代建築、郷土史、遊廓史などを発信中（2024/8現在1740記事）。また、建造物の見学会、習志野の歴史を語る会で、定期的に講演や展示を行う。現在は、それらの知見を活かし、地域活性化に関わる仕事に携わる。

［協力］

張替酒店　習志野の歴史を語る会　わくわく建築

軍事法規研究会　ひなたぼっこ

ひぐち誠　伽羅蕗　しゅん　紫煙　松村昂太

春風亭㐂いち　佐倉市／篠塚・本田　リンリン

［参考図書］

『ねじ式』つげ義春（小学館）

『新版 貧困旅行記』つげ義春（新潮社）

『つげ義春コレクション 紅い花／やなぎ屋主人』つげ義春（筑摩書房）

『つげ義春コレクション 李さん一家／海辺の叙景』つげ義春（筑摩書房）

『幻の本土決戦 房総半島の防衛第８巻』石橋正一（千葉日報社）

[STAFF]
撮影・取材・文／明里
企画・プロデュース・編集／石黒謙吾
デザイン／吉田考宏
校正／楠本和子、鈴木茉莉（303BOOKS）
DTP／藤田ひかる（ユニオンワークス）
制作／（有）ブルー・オレンジ・スタジアム

2025年1月24日　第1刷発行

昭和ディープ街トリップ、335カット

20代女性が小学生から続ける探訪と研究

発行者　常松心平
発行所　303BOOKS
〒261-8501　千葉県千葉市美浜区中瀬1丁目3番地
幕張テクノガーデンB棟11階
tel. 043-321-8001　fax. 043-380-1190
https://303books.jp/
印刷・製本　シナノ印刷

定価はカバーに表示してあります。

ISBN978-4-909926-40-1　N.D.C.360　160p